学ぶ人は、
変えて
ゆく人だ。

目《め》の前《まえ》にある問題《もんだい》はもちろん、

人生《じんせい》の問《と》いや、社会《しゃかい》の課題《かだい》を自《みずか》ら見《み》つけ、

挑《いど》み続《つづ》けるために、人《ひと》は学《まな》ぶ。

「学《まな》び」で、少《すこ》しずつ世界《せかい》は変《か》えてゆける。

いつでも、どこでも、誰《だれ》でも、

学《まな》ぶことができる世《よ》の中《なか》へ。

旺文社《おうぶんしゃ》

10までの かず①

～1から5までの かず～

Webおかわりもんだい
さんすう①をみてね

べんきょう日　　月　　日

てんすう
てん

こたえ▼べっさつ1ページ

1 えの かずだけ ○に いろを ぬりましょう。

1つ10てん　50てん

えを 1つずつ ゆびで
おさえながら，こえに
だして かぞえよう

① 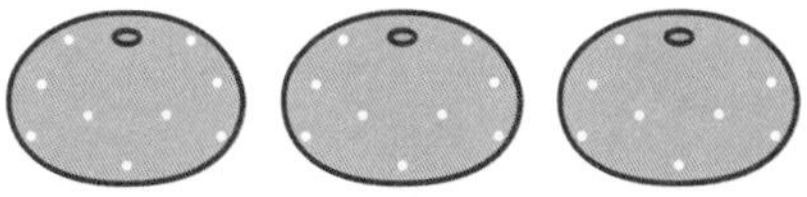 ●●●○○

②  ○○○○○

③  ○○○○○

④  ○○○○○

⑤  ○○○○○

2 かずを すうじで かきましょう。

1つ10てん　50てん

えを 1つずつ ゆびで
おさえながら，かずを
かぞえよう

①  [2]

②  [ ]

③  [ ]

④  [ ]

⑤  [ ]

なるほど！
こえに だして かずを かぞえると，1から 5までの かずの
じゅんばんを おぼえられるよ。 かずの かきかたも おぼえよう。

おかわりもんだい べっさつ1ページ

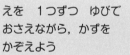

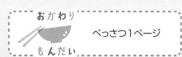

さんすう
2 10までの　かず②
~0，6から10までの　かず~

Webおかわりもんだい
さんすう①をみてね

べんきょう日　　月　　日

てんすう　　てん

こたえ▼べっさつ1ページ

さんすう

1 えの　かずだけ　○に　いろを　ぬりましょう。　1つ10てん　40てん

① 

えに　1つずつ　しるしを　つけながら，○に　いろを　ぬろう

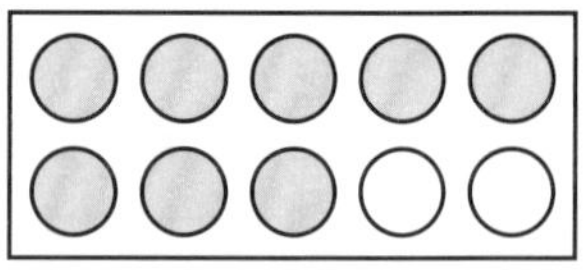

② 

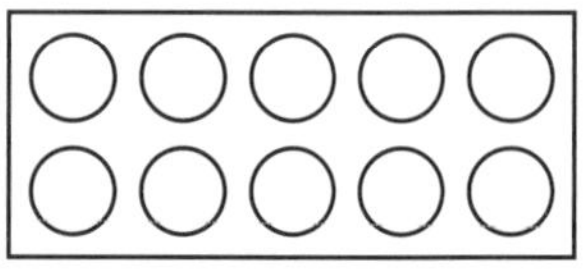

③ 

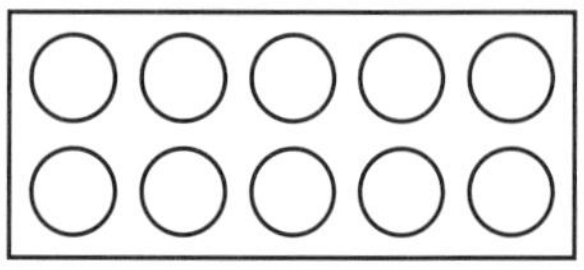

④ 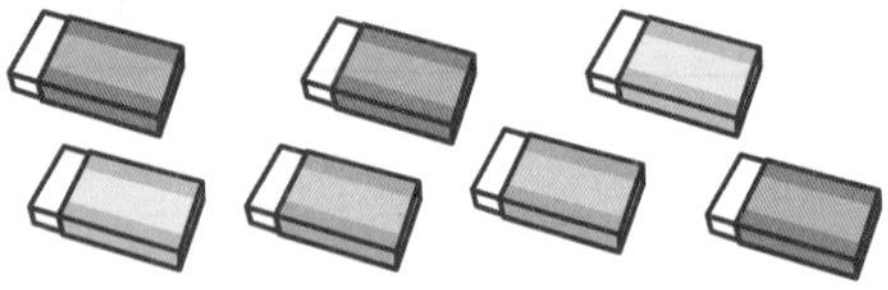

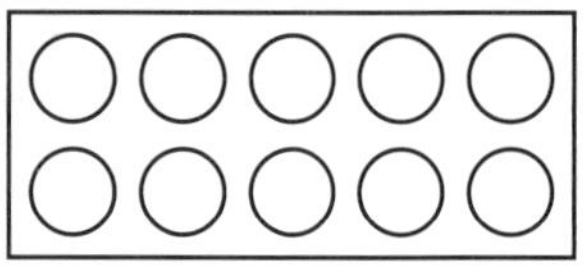

2 クッキー《くっきい》の　かずを　すうじで　かきましょう。　1つ10てん　60てん

① 

えに　1つずつ　しるしを　つけながら　かずを　かぞえよう。

[7]

② 

[　]

③ 

[　]

チャレンジもんだい

④ 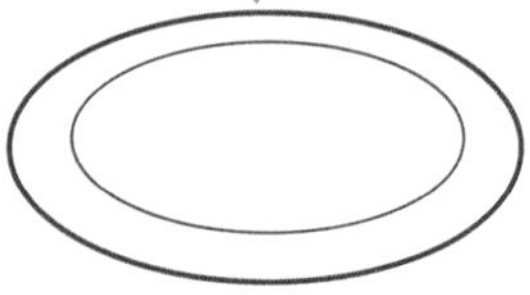

なにも　ない　ときの　かずも　すうじで　あらわすよ。

[　]

⑤ 

[　]

⑥ 

[　]

なるほど！
えに　1つずつ　しるしを　つけながら　かぞえると，かぞえるのを　ぬかしたり
2かい　かぞえたり　する　まちがいが　なくなるよ。
なにも　ない　ときの　かずは　0と　いう　かずだよ。

おかわりもんだい　べっさつ1ページ

10までの　かず③

〜おおい　かず，おなじ　かず〜

Webおかわりもんだい
さんすう①をみてね

べんきょう日　　月　　日

てんすう

てん

こたえ▶べっさつ1ページ

1 かずの　おおい　ほうに　○を　つけましょう。

1つ20てん　60てん

ねこと きんぎょを ―《せん》て むすんで しらべよう

①

②

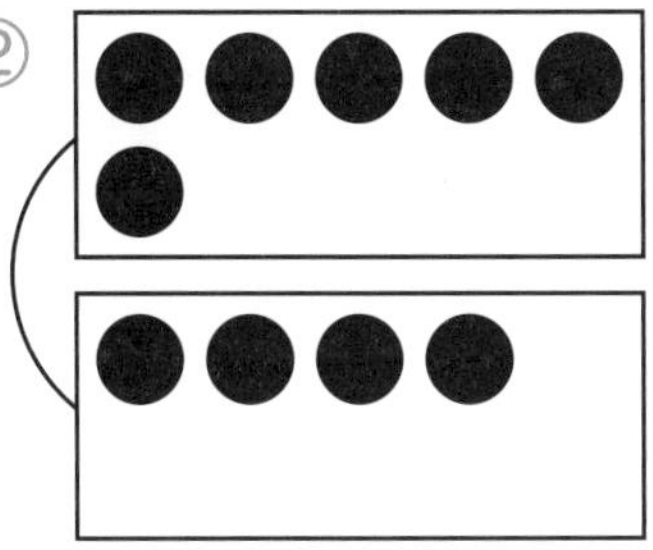

③

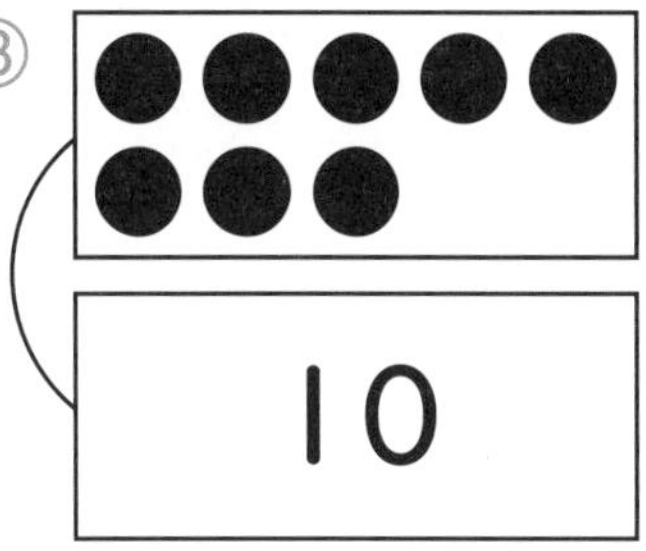

2 かずが　おなじ　ものを　―《せん》で　むすびましょう。

①〜④1つ10てん　40てん

こえに　だして　かぞえ，すうじで　かいて　おこう

①

②

③

④

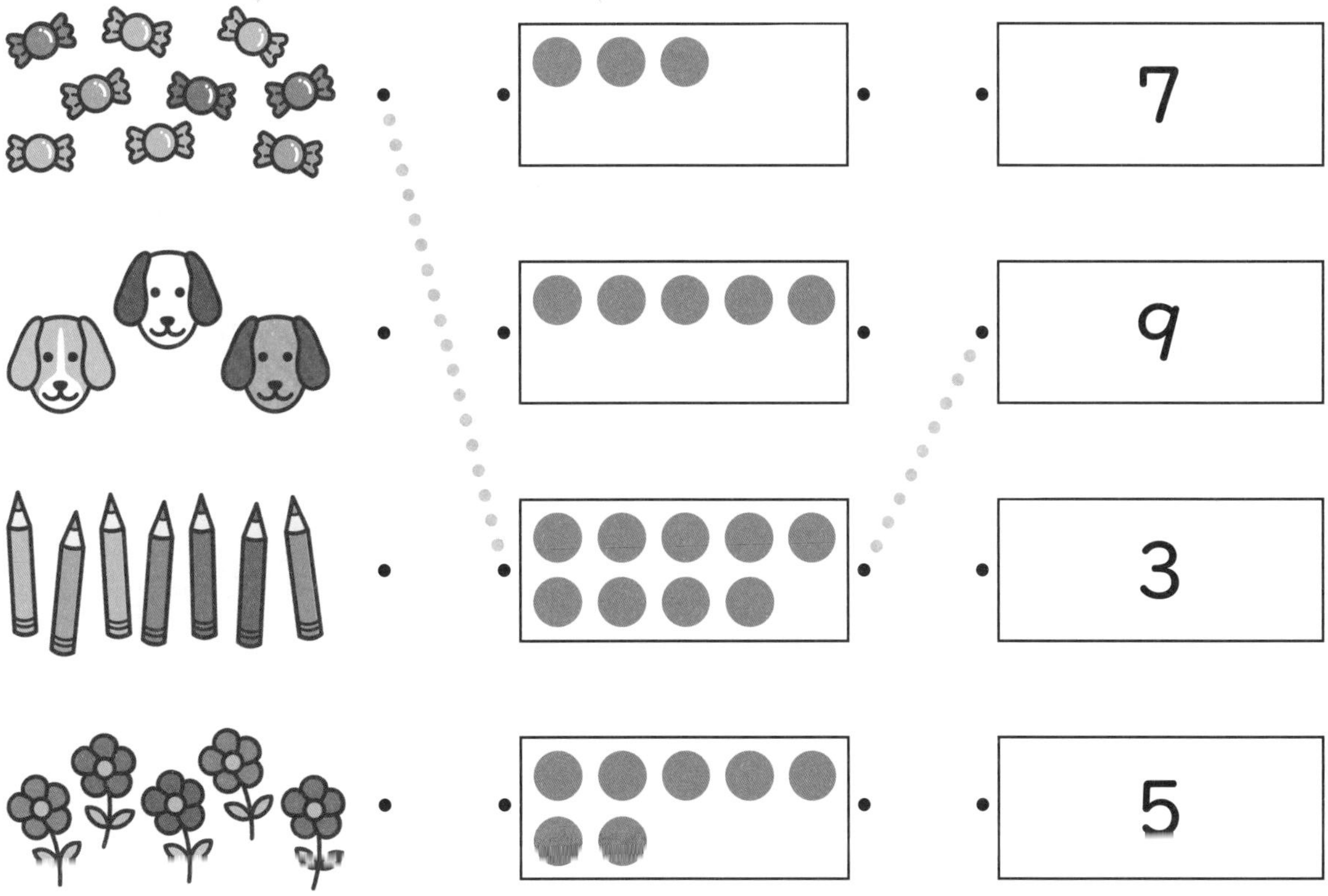

なるほど！

かずを　かぞえて　すうじで　かいて　おけば，どちらが　おおいか　おなじかが
わかるね。１から　10までの　かずの　じゅんばんを　しっかり　おぼえよう。

おかわりもんだい
べっさつ2ページ

10までの　かず④

～かずの　ならび～

Webおかわりもんだい さんすう①をみてね

べんきょう日　　月　　日

てんすう　　　てん

こたえ▼べっさつ2ページ

1 □に　あう　かずを　かきましょう。　①～④1つ10てん，⑤～⑦1つ20てん　100てん

1つずつ　おおきく　なって　いるよ。

①	3	4	5	6
②	7	□	□	10
③	□	3	4	□
④	□	1	2	□

おおきい　じゅんに　ならんで　いるよ。

チャレンジもんだい

⑤	□	8	□	6
⑥	4	□	□	1
⑦	7	□	5	□

なるほど！　0から　10までの　かずを，ちいさい　じゅんでも　おおきい　じゅんでも　すらすら　いえるように　なろう。

おかわりもんだい　べっさつ2ページ

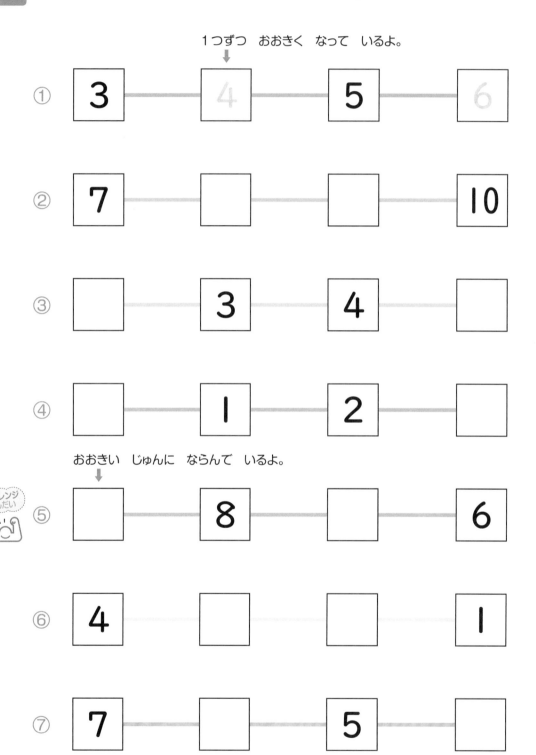

さんすう

5 なんばんめ①

～じゅんばんの　かずと　まとまりの　かず～

Webおかわりもんだい
さんすう②をみてね

べんきょう日　　月　　日

てんすう

てん

こたえ▼べっさつ2ページ

さんすう

1 ○で　かこみましょう。　1つ10てん　40てん

①まえから　3びきめ。

まえから　3つめを　1つだけ　かこもう

まえ

うしろ

②まえから　3びき。

まえから　3びきを　かこもう

まえ

うしろ

③うしろから　6にんめ。

まえ

うしろ

④うしろから　6にん。

まえ

うしろ

2 どうぶつたちが　ならんでいます。　1つ20てん　60てん

まえから　じゅんに　ばんごうを　つけて　みよう

まえ

うしろ

①うさぎは　まえから　［ 4 ］　ばんめです。

②うさぎの　うしろには　［　　］　ひき　います。

③うしろから　5ばんめは　［　　　　］　です。

なるほど！

「なんにんめ」は　じゅんばんの　かずを　あらわすから、
ひとりだけだよ。「なんにん」は　まとまりの　かずを　あらわすから、
その　ひとまでの　ぜんぶの　ひとだよ。

おかわりもんだい　べっさつ3ページ

なんばんめ②
～いろいろな　じゅんばんの　かず～

Webおかわりもんだい
さんすう②をみてね

べんきょう日　　月　　日

てんすう　　　てん

こたえ▼べっさつ3ページ

1 くだものが　たなに　あります。

うえから　じゅんに
ばんごうを　かいて　みよう

1つ20てん　60てん

① うえから　4ばんめは　［ めろん ］　です。

② りんごは　したから　［　　］　ばんめです。

③ うえから　2つを　（　　）で　かこみましょう。

2 おともだちが　ならんで　います。

1つ10てん　40てん

みぎから　1，2，・・・と　しょうたまで　かぞえるよ。

しょうた
①  は　みぎから　［ 3 ］　ばんめです。

しょうた
②  は　ひだりから　［　　］　ばんめです。

かおり
③ ひだりから　［　　］　ばんめは　　です。

④ みぎから　ふたりを　（　　）で　かこみましょう。

なるほど！
うえ　した，みぎ　ひだりは，かぞえはじめる　ばしょだよ。
かぞえはじめる　ばしょが　かわると，じゅんばんが　かわるよ。

おかわりもんだい　べっさつ3ページ

いくつと　いくつ①

～5，6，7は　いくつと　いくつ～

Webおかわりもんだい さんすう③をみてね

べんきょう日　　月　　日

てんすう　　てん

こたえ▼べっさつ3ページ

1 [ ]に　かずを　かきましょう。　　1つ8てん　56てん

○の　かずを　かぞえよう。

① 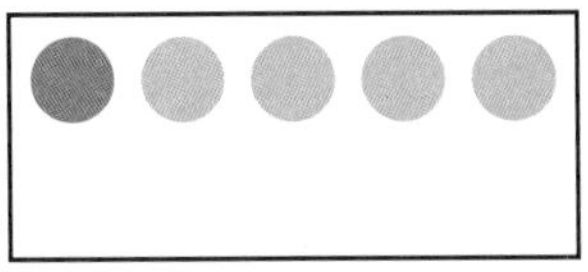　5は [1] と [4]

② 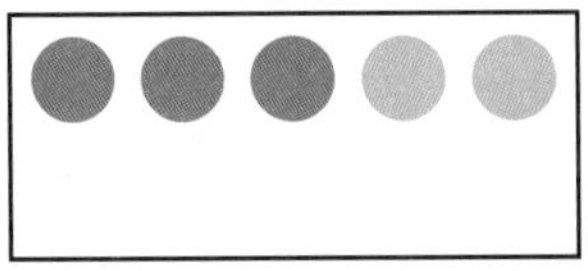　5は [3] と [ ]

③ 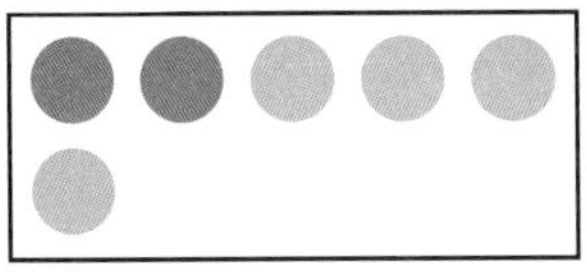　6は [2] と [ ]

④ 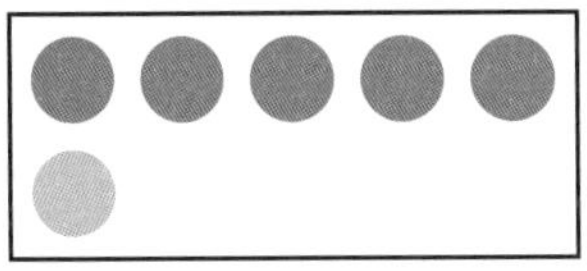　6は [5] と [ ]

⑤ 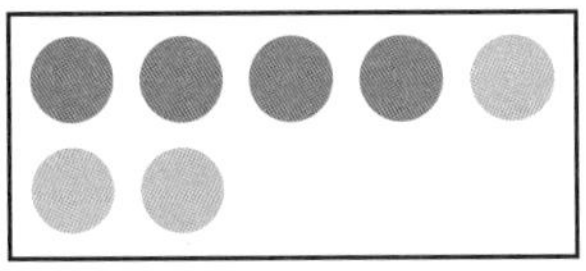　7は [4] と [ ]

⑥ 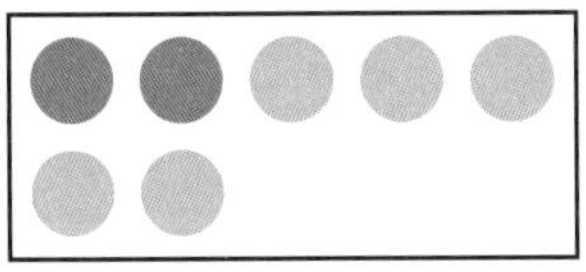　7は [2] と [ ]

⑦ 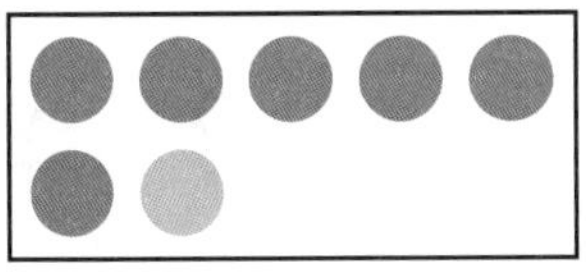　7は [6] と [ ]

2 [ ]に　かずを　かきましょう。　　1つ11てん　44てん

1の　6この　○で　かんがえよう

① [3] と [3] で [6]　　② [2] と [ ] で [5]

③ [5] と [ ] で [7]　　④ [1] と [ ] で [7]

なるほど！　5, 6, 7を　2つの　かずに　わけたり，2つの　かずで　5, 6, 7を　つくったり　する　れんしゅうだよ。かずを　いろいろ　かえて　れんしゅうしよう。なれるまでは　○や　ゆびを　つかっても　いいよ。

おかわりもんだい　べっさつ3ページ

さんすう

8 いくつと いくつ②

～8，9は いくつと いくつ～

Webおかわりもんだい さんすう③をみてね

べんきょう日　　月　　日

てんすう　　　てん

こたえ▼べっさつ3ページ

さんすう

1 [ ]に かずを かきましょう。　　1つ8てん 56てん

○の かずを かぞえよう

① 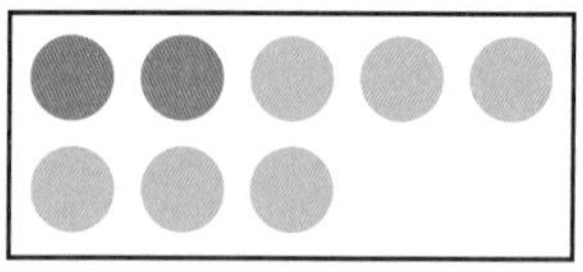 8は [2] と [6]

② 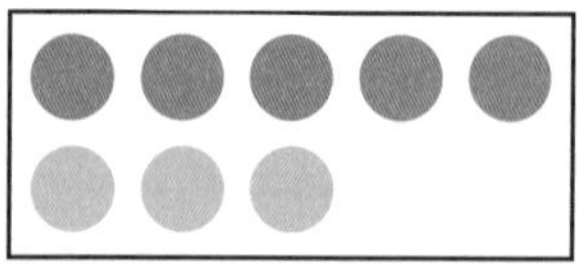 8は [5] と [ ]

③ 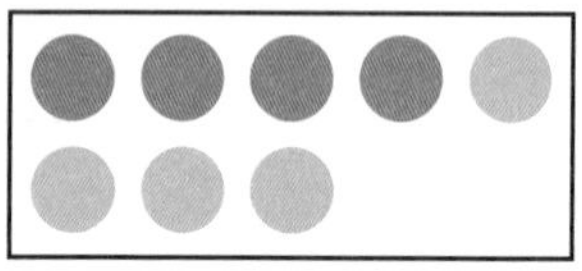 8は [4] と [ ]

④ 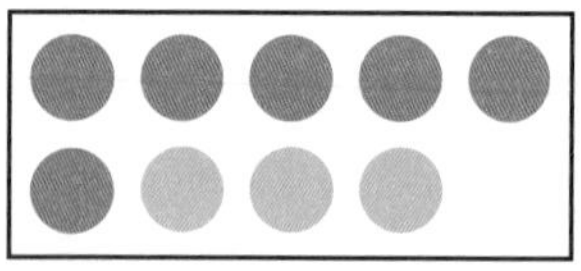 9は [6] と [ ]

⑤ 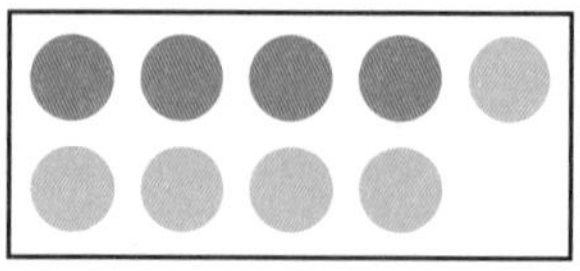 9は [4] と [ ]

⑥ 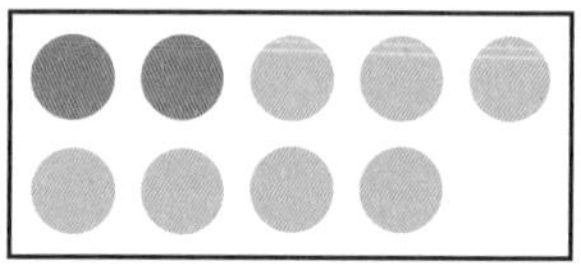 9は [2] と [ ]

⑦ 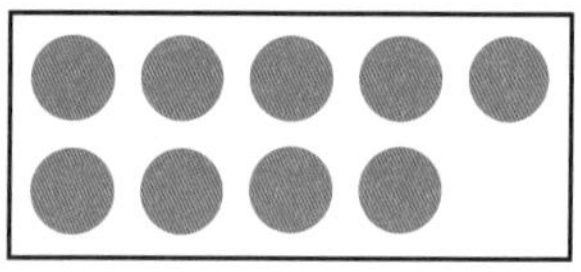 9は [9] と [ ]

2 [ ]に かずを かきましょう。　　1つ11てん 44てん

1の 8この ○で かんがえよう

① [3] と [5] で [8]　　② [1] と [ ] で [8]

③ [5] と [ ] で [9]　　④ [3] と [ ] で [9]

なるほど！　8や 9を 2つの かずに わけたり，2つの かずで 8や 9を つくったり する れんしゅうだよ。かずを いろいろ かえて れんしゅうしよう。なれるまでは ○や ゆびを つかっても いいよ。

おかわりもんだい べっさつ3ページ

いくつと いくつ③

～10は いくつと いくつ～

Webおかわりもんだい さんすう③をみてね

べんきょう日　　月　　日

てんすう　　てん

こたえ▶べっさつ4ページ

1 10は いくつと いくつですか。
[ ]に かずを かきましょう。　1つ8てん　40てん

○の かずを かぞえよう

① 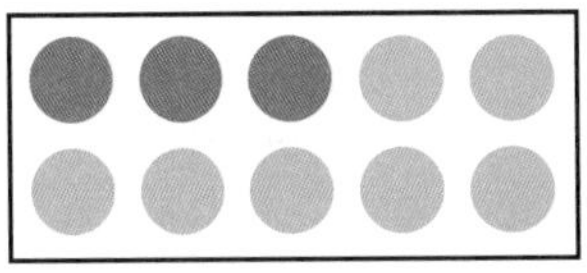　10は [3] と [7]

② 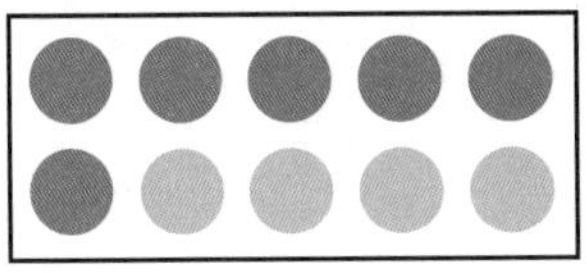　10は [6] と [ ]

③ 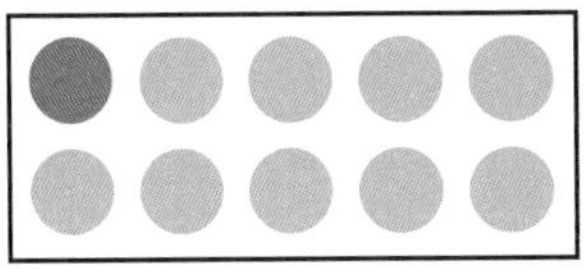　10は [1] と [ ]

④ 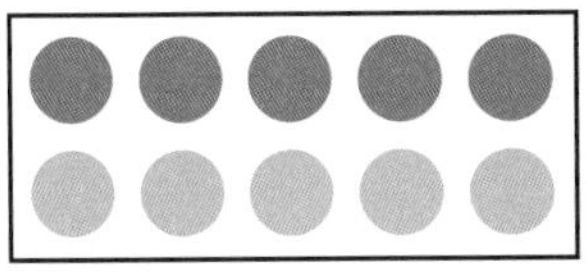　10は [5] と [ ]

⑤ 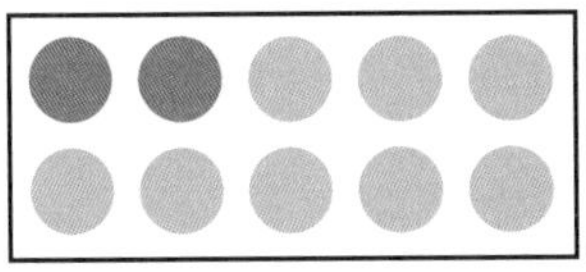　10は [2] と [ ]

2 いくつと いくつで 10に なりますか。
[ ]に かずを かきましょう。　1つ10てん　60てん

1の ○を みて かんがえよう

① [4] と [6] で [10]　② [9] と [ ] で [10]

③ [7] と [ ] で [10]　④ [6] と [ ] で [10]

⑤ [8] と [ ] で [10]　⑥ [5] と [ ] で [10]

なるほど！ 10を 2つの かずに わけたり，2つの かずで 10を つくったり する れんしゅうだよ。○や ゆびを つかわなくても できるように なろう。

おかわりもんだい　べっさつ4ページ

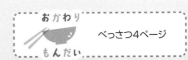

さんすう

10 いくつと いくつ④

～10を つくる～

Webおかわりもんだい
さんすう③をみてね

べんきょう日　　月　　日

てんすう　　てん

こたえ▼べっさつ4ページ

1 あと いくつで 10こに なりますか。　1つ10てん　100てん

10こに なるように ○を かいて かぞえよう

①  あと [5こ]

②  あと [　]

③  あと [　]

④  あと [　]

⑤  あと [　]

⑥  あと [　]

⑦  あと [　]

⑧  あと [　]

⑨  あと [　]

⑩  あと [　]

なるほど！
うえの ①～⑩は，この あとの たしざんや ひきざんを べんきょうする ときに とても たいせつに なるよ。くりかえし れんしゅうして，すらすら いえるように なろう。

おかわり もんだい　べっさつ4ページ

たしざん①
～あわせて　いくつ～

Webおかわりもんだい さんすう④をみてね

べんきょう日　　月　　日

てんすう　　てん

こたえ▼べっさつ4ページ

1 あわせて　いくつですか。［　］に　かずを　かきましょう。

1つ20てん　60てん

①

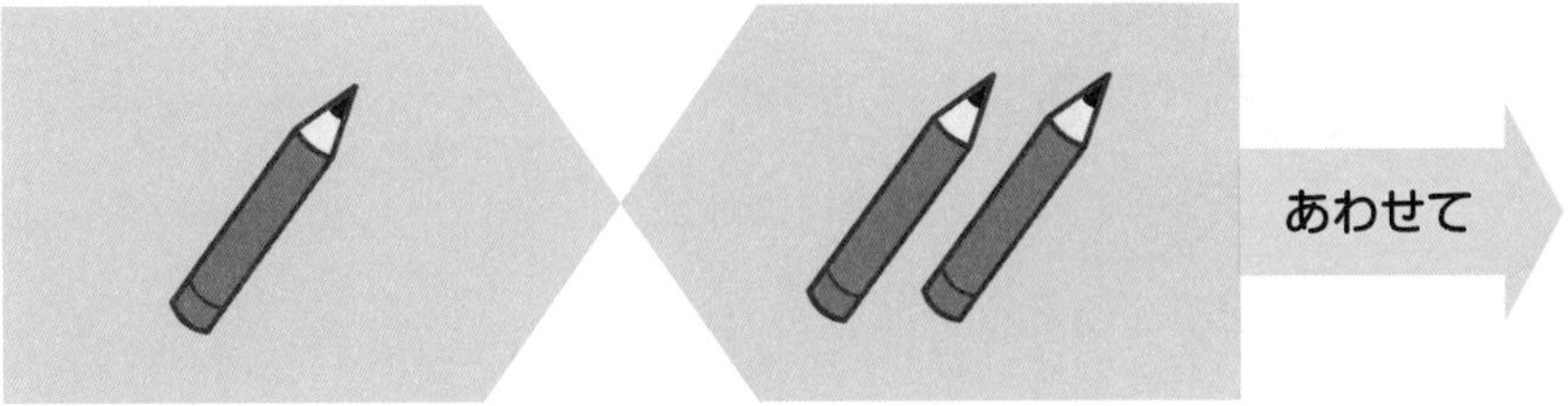

1ぼんと　2ほん

［ 3ぼん ］

②

［　　　］

③

［　　　］

2 ぜんぶで　いくつですか。［　］に　かずを　かきましょう。

1つ20てん　40てん

①

あわせた　かずだよ

［ 7こ ］

②

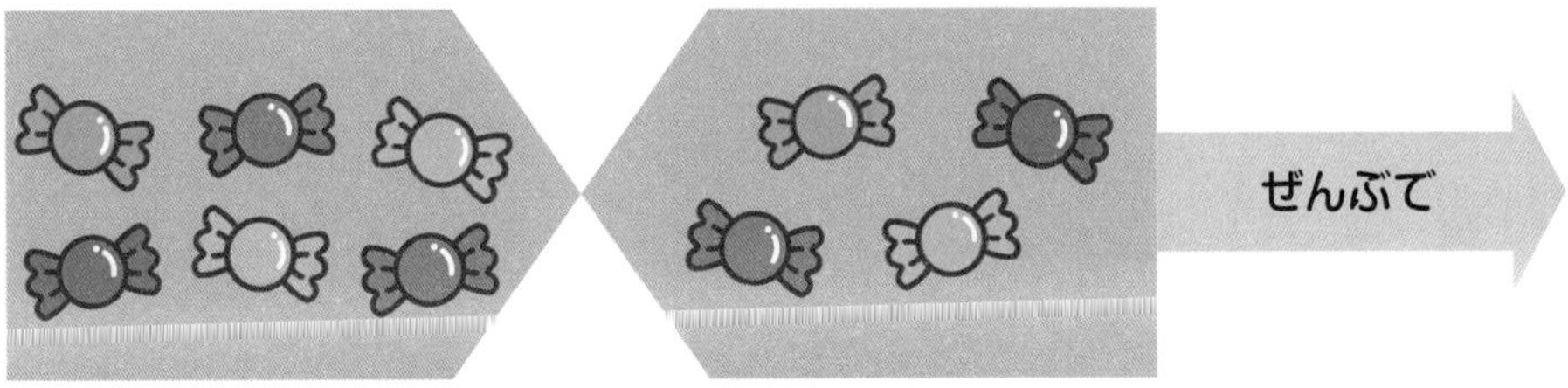

［　　　］

なるほど！
「あわせて　いくつ」や「ぜんぶで　いくつ」は，2つの　かずを　1つに　まとめる　たしざんだよ。こたえには　かぞえかたを　あらわす「ほん」や「にん」や「こ」などを　つけよう。

おかわり もんだい　べっさつ4ページ

たしざん②
～ふえると　いくつ～

Webおかわりもんだい
さんすう④をみてね

べんきょう日　　月　　日

てんすう
てん

こたえ▼べっさつ4ページ

1 ふえると　いくつですか。［　］に　かずを　かきましょう。

1つ20てん　60てん

①

2こ　　2こ　ふえる

2こから　2こ　ふえる。

ふえると　ぜんぶで　［4こ］

②

6だい　　3だい　ふえる

ふえると　ぜんぶで　［　　］

③

4ひき　　2ひき　ふえる

ふえると　ぜんぶで　［　　］

2 いくつに　なりますか。［　］に　かずを　かきましょう。

1つ20てん　40てん

①
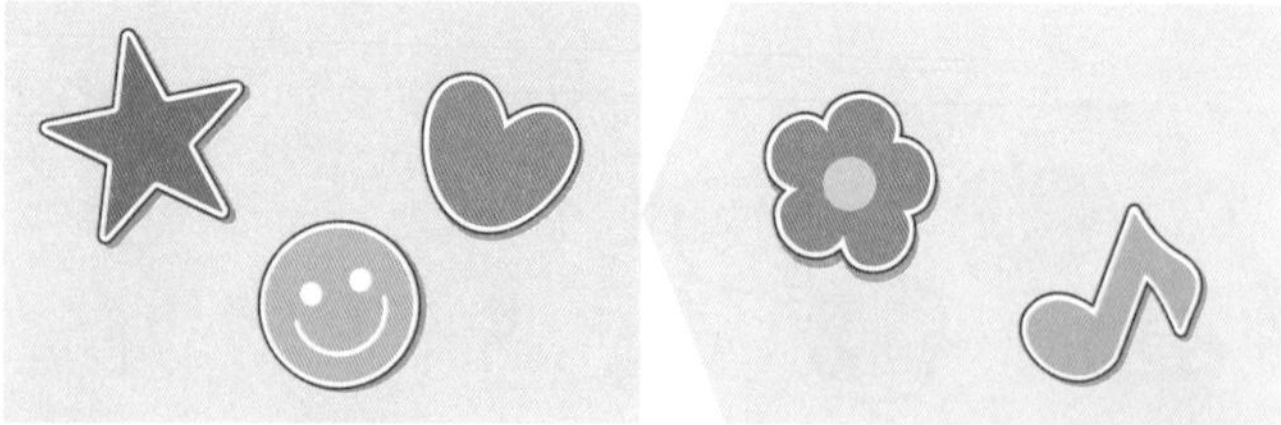
3まい　　2まい　もらう

もらうと　ぜんぶで

3まいから
2まい
ふえる。
→［5まい］

②
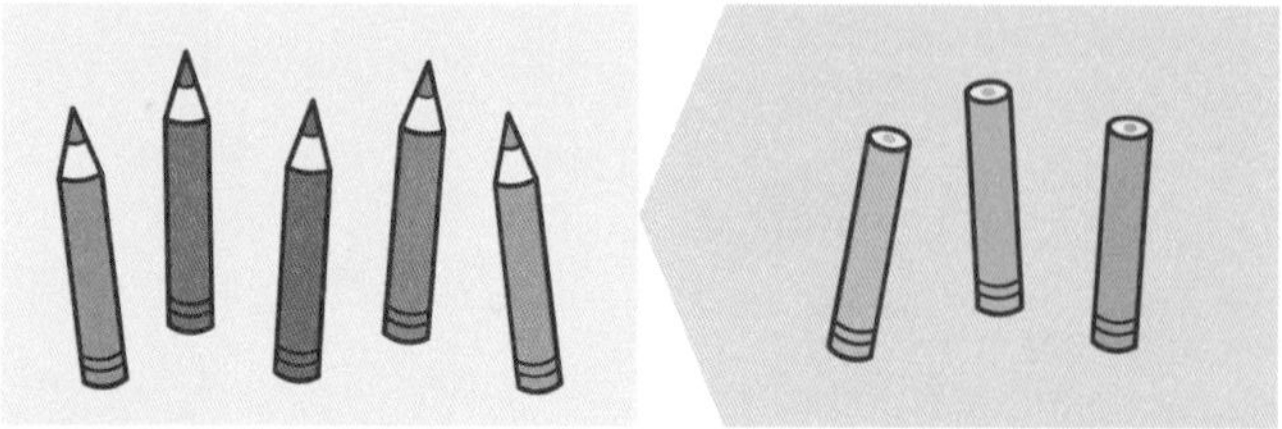
5ほん　　3ぼん　かう

かって　くると　ぜんぶで

［　　］

なるほど！
ふえたり　もらったり　する　ときも，2つの　かずを　あわせる
たしざんを　するよ。

おかわりもんだい
べっさつ5ページ

おひるごはんは　なにかな？

べんきょう日　　月　　日

こたえ▶ページのしたにあるよ

1ずつ　おおきく　なるように　ただしく　すすみましょう。どの
おひるごはんに　たどりつきますか。○を　つけましょう。

たしざん③
～たしざんの　しき～

Webおかわりもんだい
さんすう④をみてね

べんきょう日　　月　　日

てんすう

てん

こたえ▼べっさつ5ページ

1 しきに　かいて　こたえましょう。

①，②しき1つ20てん，こたえ1つ10てん，③しき・こたえ1つ20てん　100てん

①あわせると　なんびきに　なりますか。

4ひき

3びき

ふえる　ときの　しきは
はじめの　かず　＋　ふえた　かず　＝　こたえ

［しき］

4 ＋ 3 ＝ 7

こたえ［ 7ひき ］

②ぜんぶで　なんぼんに　なりますか。

5ほん　さいた

3ぼん　さいた

［しき］

＋　　＝

こたえ［　　　］

③ぜんぶで　いくつに　なりますか。

6つ　おった

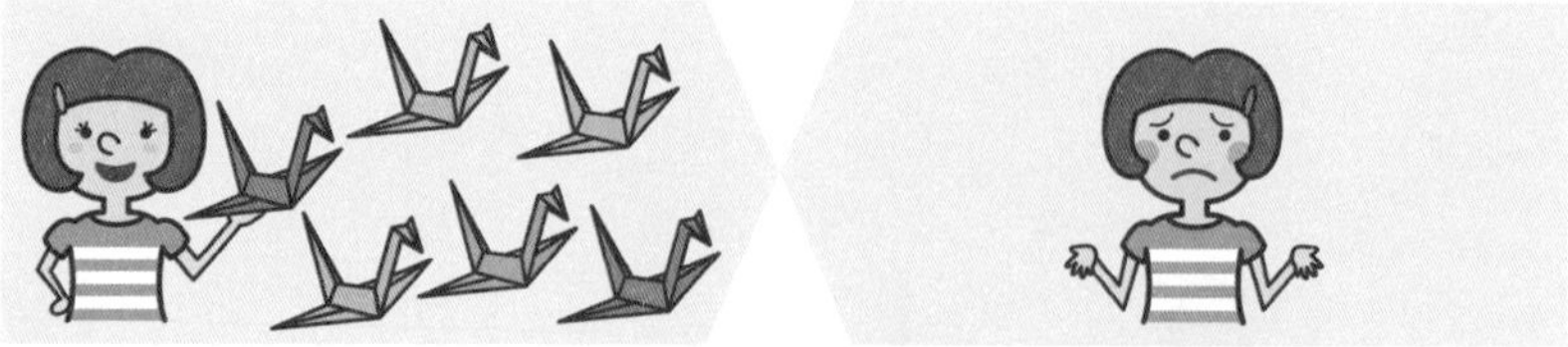

1つも　おらない

↑
1つも　ないのは　0こだよ。

［しき］

こたえ［　　　］

なるほど！

ふえる　ときの　たしざんの　しきは，（はじめの　かず）＋（ふえた　かず）＝（こたえ）
のように　かくよ。1つも　ふえない　ときは，たすのは　0だね。
（はじめの　かず）＋0＝（はじめの　かず）だよ。

おかわりもんだい　べっさつ5ページ

たしざん④
～こたえが　10までの　たしざん～

Webおかわりもんだい
さんすう⑤をみてね

べんきょう日　　月　　日

てんすう

てん

こたえ▶べっさつ5ページ

1 たしざんを　しましょう。　　1つ5てん　100てん

1と　2を　あわせる。

① 1 ＋ 2 ＝ [3]　　② 2 ＋ 2 ＝ [　]

③ 4 ＋ 1 ＝ [　]　　④ 1 ＋ 1 ＝ [　]

⑤ 3 ＋ 1 ＝ [　]　　⑥ 4 ＋ 2 ＝ [　]

⑦ 1 ＋ 6 ＝ [　]　　⑧ 5 ＋ 3 ＝ [　]

⑨ 2 ＋ 3 ＝ [　]　　⑩ 6 ＋ 2 ＝ [　]

⑪ 5 ＋ 4 ＝ [　]　　⑫ 3 ＋ 3 ＝ [　]

⑬ 2 ＋ 5 ＝ [　]　　⑭ 7 ＋ 2 ＝ [　]

⑮ 8 ＋ 2 ＝ [　]　　⑯ 4 ＋ 6 ＝ [　]

⑰ 6 ＋ 0 ＝ [　]　　⑱ 0 ＋ 0 ＝ [　]

⑲ 0 ＋ 8 ＝ [　]　　⑳ 10 ＋ 0 ＝ [　]

なるほど！
ゆびを　つかわなくても　すらすら　こたえられるように　れんしゅうしよう。
0は　なにも　ないから　＋0は　なにも　たさないのと　おなじだよ。

おかわりもんだい
べっさつ5ページ

さんすう 15

たしざん⑤

～たしざんの　もんだい～

Webおかわりもんだい　さんすう⑤をみてね

べんきょう日　　月　　日

てんすう　　てん

こたえ▼べっさつ5ページ

1 あかい　ボール《ぼおる》が　４こ，あおい　ボール《ぼおる》が　２こ　あります。
ボール《ぼおる》は　あわせて　なんこ　ありますか。　しき・こたえ1つ10てん　20てん

４と　２の　たしざんに　なるよ。

[しき]　４＋２＝６　　　[こたえ]［　６こ　］

2 １ねんせいが　３にん，２ねんせいが　６にん　います。
みんなで　なんにん　いますか。　しき・こたえ1つ10てん　20てん

[しき]　　　[こたえ]［　　］

3 メロン《めろん》を　２こ　もって　います。４こ　もらうと，メロン《めろん》は
ぜんぶで　なんこに　なりますか。　しき・こたえ1つ10てん　20てん

[しき]　　　[こたえ]［　　］

4 すずめが　５わ　います。むこうから　２わ　とんで　きました。
すずめは　なんわに　なりましたか。　しき・こたえ1つ10てん　20てん

[しき]　　　[こたえ]［　　］

5 こうえんに　こども　７にんと　おとな　３にんで　いきました。
あわせて　なんにんで　いきましたか。　しき・こたえ1つ10てん　20てん

[しき]　　　[こたえ]［　　］

なるほど！　**2**は　１ねんせいと　２ねんせいを　あわせた　かず，**3**は　２こから　４こ　ふえた　かずだから，どちらも　たしざんだね。**4**は，５わ　いる　ところに　２わ　きたから，これも　たしざんだね。

おかわりもんだい　べっさつ6ページ

ひきざん①
～のこりは　いくつ～

Webおかわりもんだい さんすう⑥をみてね

べんきょう日　　月　　日

てんすう　　てん

こたえ▼べっさつ6ページ

1 のこりは　いくつですか。［　］に　かずを　かきましょう。

1つ20てん　40てん

① バナナ《ばなな》が　5ほん　あります。３ぼん　たべると，のこりは　なんぼんですか。

5ほんから　３ぼんを　とる。

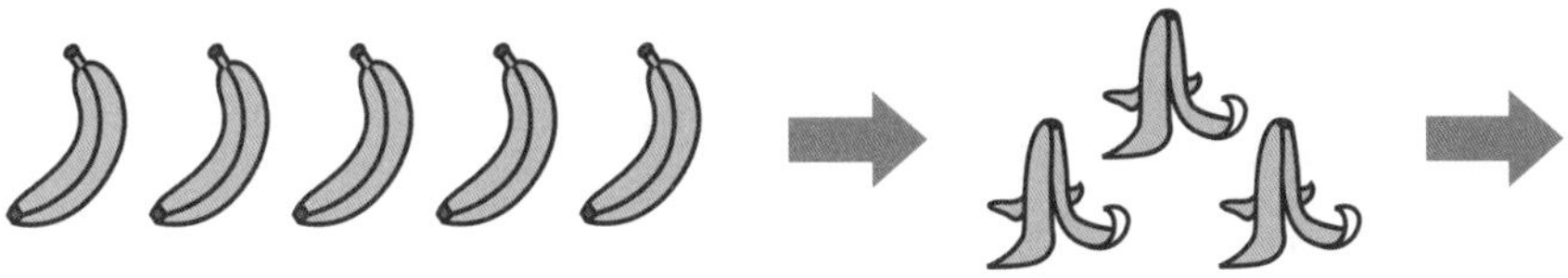

［ 2ほん ］

② こどもが　6にん　います。ふたりが　いえに　かえると，のこりは　なんにんですか。

［　　　］

2 のこりは　いくつですか。しきに　かいて　こたえましょう。

しき・こたえ1つ15てん　60てん

① あめが　8こ　あります。５こ　あげました。

はじめの　かず － あげた　かず＝こたえ

［しき］ 8－5＝3

［こたえ］［　　　］

チャレンジもんだい

② たまごが　10こ　あります。１こも　つかいませんでした。

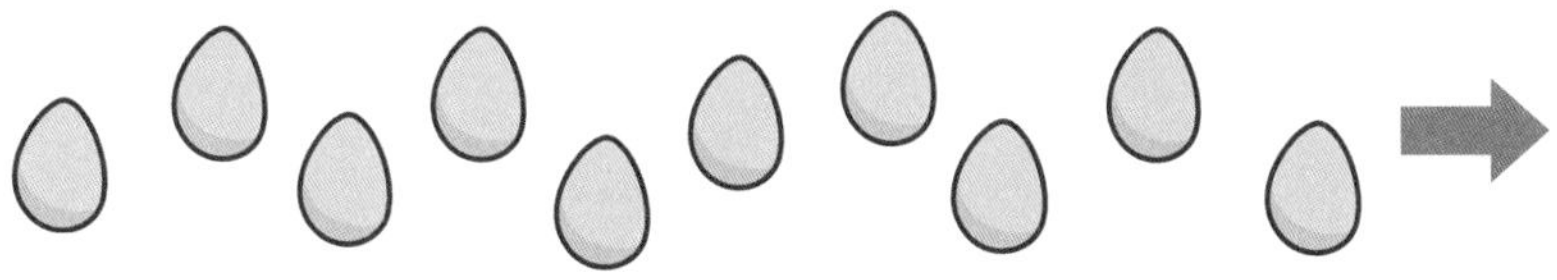

［しき］

［こたえ］［　　　］

なるほど！

のこりの　かずは，（はじめの　かず）ー《ひく》（へった　かず）の　ひきざんに　なるよ。
はじめの　かずを，へった　かずと　のこりの　かずに　わけるよ。
1こも　つかわなければ，もとの　かずと　かわらないね。

おかわりもんだい　べっさつ6ページ

ひきざん②

～2つに　わけた　かたほうの　かず～

Webおかわりもんだい
さんすう⑥をみてね

べんきょう日　　月　　日

てんすう

てん

こたえ▼べっさつ6ページ

1 えを　みて　こたえましょう。　1つ20てん　40てん

①どうぶつが　7とう　います。　キリン《きりん》は　4とうです。
パンダ《ぱんだ》は　なんとう　いますか。

キリン《きりん》の　かずを
ひいた　のこり。

[3とう]

②ふうせんが　9こ　あります。あかい　ふうせんは　5こです。
あおい　ふうせんは　なんこ　ありますか。

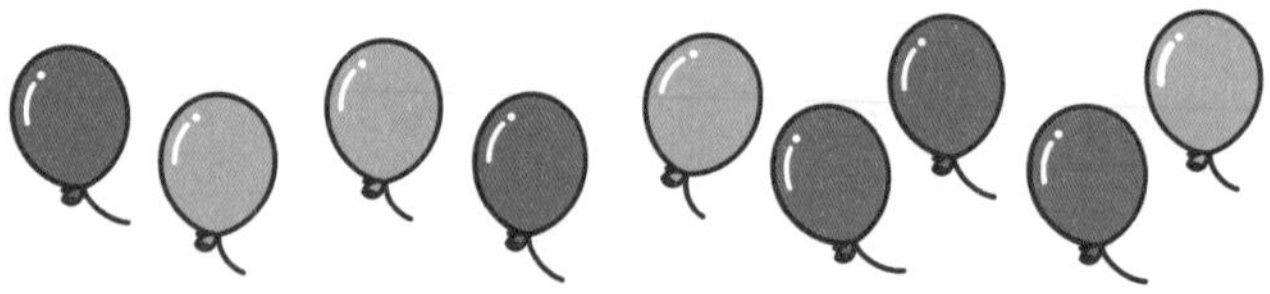

[　　　　]

2 しきを　かいて　こたえましょう。　しき・こたえ1つ15てん　60てん

①とりが　6わ　います。
はとは　4わです。
からすは　なんわ　いますか。

[しき]　6－4＝2

[こたえ]　[2わ]

ぜんぶの　かずから
はとの　かずを　ひくよ。

②くだものが　8つ　あります。
みかんは　3こです。
バナナ《ばなな》は　なんぼん　ありますか。

[しき]

[こたえ]　[　　　　]

なるほど！
ぜんぶの　かずを　2つに　わけた　かたほうの　かずを　こたえる　ときは，
ひきざんを　するよ。

おかわりもんだい　べっさつ6ページ

ひきざん③

～10までの　かずの　ひきざん～

Webおかわりもんだい
さんすう⑥をみてね

べんきょう日　　月　　日

てんすう
てん

こたえ▼べっさつ6ページ

1 ひきざんを　しましょう。　1つ5てん　100てん

5から　1を　とる。

① 5 − 1 = [4]　　② 4 − 2 = [　]

③ 8 − 6 = [　]　　④ 9 − 4 = [　]

⑤ 6 − 3 = [　]　　⑥ 3 − 1 = [　]

⑦ 8 − 5 = [　]　　⑧ 7 − 3 = [　]

⑨ 4 − 3 = [　]　　⑩ 6 − 4 = [　]

⑪ 7 − 4 = [　]　　⑫ 9 − 6 = [　]

⑬ 9 − 2 = [　]　　⑭ 5 − 2 = [　]

⑮ 7 − 5 = [　]　　⑯ 8 − 0 = [　]

⑰ 10 − 0 = [　]　　⑱ 10 − 2 = [　]

⑲ 10 − 9 = [　]　　⑳ 10 − 5 − [　]

なるほど！
ひきざんは　たしざんと　おなじくらい　たいせつだよ。ゆびを　つかわなくても
すらすら　こたえられるように　れんしゅうしよう。

おかわりもんだい　べっさつ7ページ

ひきざん④
～いくつ　おおい～

Webおかわりもんだい さんすう⑦をみてね

べんきょう日　　月　　日

てんすう　　てん

こたえ▶べっさつ7ページ

1 どちらが　いくつ　おおいですか。　①，②1つ25てん　50てん

せんで　つないで　みよう

①

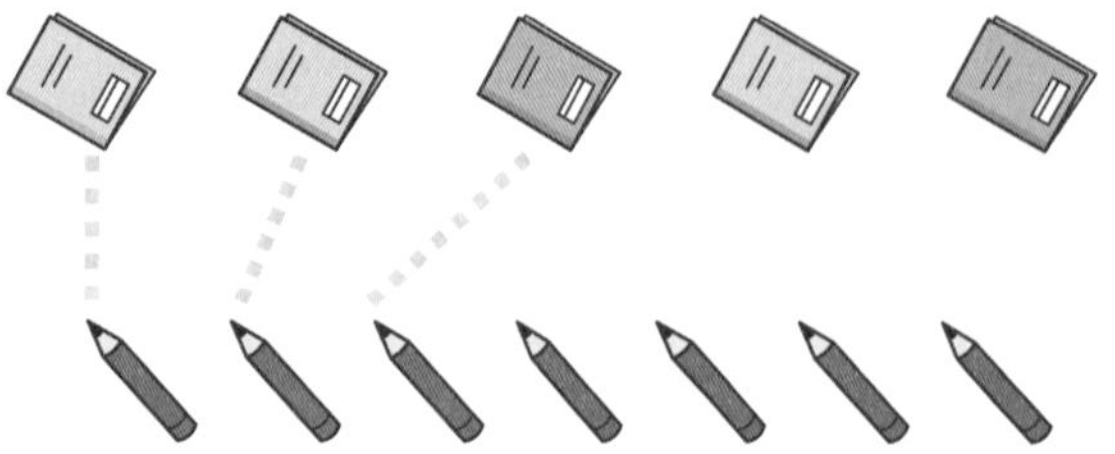

[えんぴつ]が

[　　　　]おおい

②

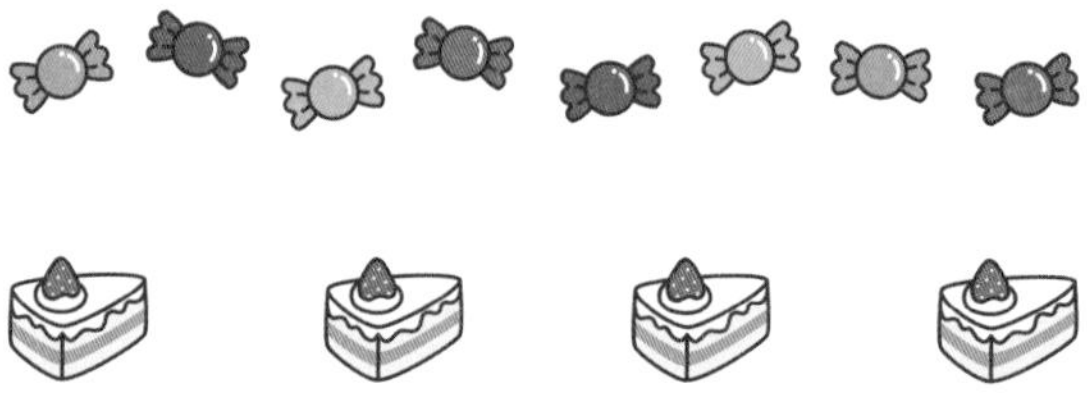

[　　　　]が

[　　　　]おおい

2 しきを　かいて　こたえましょう。　しき1つ15てん，こたえ1つ10てん　50てん

① りんごが　10こ，みかんが　7こ　あります。どちらが　なんこ　おおいですか。

おおい　ほうから　すくない　ほうを　ひこう

[しき]　10－7＝3

[こたえ]　[りんごが3こおおい]

② ナイフ《ないふ》と　フォーク《ふぉおく》は　どちらが　なんぼん　おおいですか。

[しき]

[こたえ]　[　　　　]

なるほど！　どちらが　おおいかは，みただけで　こたえないで，せんで　むすんで　たしかめよう。いくつ　おおいかは，おおい　ほうの　かずから　すくない　ほうの　かずを　ひくよ。

おかわりもんだい　べっさつ7ページ

ひきざん⑤
〜ちがいは　いくつ〜

Webおかわりもんだい さんすう⑦をみてね

べんきょう日　　月　　日

てんすう

てん

こたえ▼べっさつ7ページ

1 かずの　ちがいは　いくつですか。　1つ25てん　50てん

① 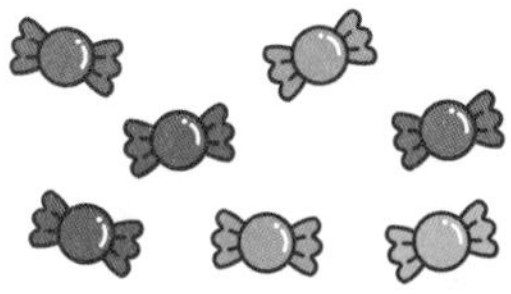 あめが　7こ　と　 アイス《あいす》が　5こ

かずの　ちがいは

ひきざんで　もとめよう

[2こ]

②  パンダ《ぱんだ》が　8とう　と　 キリン《きりん》が　4とう

かずの　ちがいは

[　]

2 しきを　かいて　こたえましょう。　しき1つ15てん，こたえ1つ10てん　50てん

① きと　はなの　かずの　ちがいは　なんぼんですか。

おおい　ほうから　すくない
ほうを　ひこう

［しき］ 7－4＝3

［こたえ］ [3ぼん]

② くじらが　7とう，いるかが　5とう　います。
かずの　ちがいは　なんとうですか。

［しき］

［こたえ］ [　]

なるほど！
かずの　ちがいを　こたえるのは，いくつ　おおいかを　こたえるのと
おなじだよ。

おかわり もんだい　べっさつ7ページ

ひきざん⑥
～ひきざんの　もんだい～

Webおかわりもんだい さんすう⑥，⑦をみてね

べんきょう日　　月　　日

てんすう　　てん

こたえ▼べっさつ7ページ

さんすう

1 えんぴつが　10ぽん　あります。ともだちに　3ぼん　あげると，のこりは　なんぼんですか。　しき・こたえ1つ10てん　20てん

「のこりは　いくつ」の　ときは　ひきざんを　しよう

［しき］　10－3＝7　　［こたえ］［　7ほん　］

2 じてんしゃが　8だい　あります。おとなようは　3だいです。こどもようは　なんだい　ありますか。　しき・こたえ1つ10てん　20てん

［しき］　　［こたえ］［　　　］

3 もも　4こと，なし　10こでは，どちらが　なんこ　おおいですか。　しき・こたえ1つ10てん　20てん

［しき］　　［こたえ］［　　　］

4 あかい　はなが　3ぼん，しろい　はなが　5ほん　さいて　います。ちがいは　なんぼんですか。　しき・こたえ1つ10てん　20てん

［しき］　　［こたえ］［　　　］

5 7この　クッキー《くっきい》を　おねえさんと　いもうとで　たべます。おねえさんが　4こ　たべると，いもうとは　なんこ　たべますか。　しき・こたえ1つ10てん　20てん

［しき］　　［こたえ］［　　　］

なるほど！　のこりや　ちがいを　こたえる　もんだいだから，ひきざんに　なるね。

おかわりもんだい　べっさつ8ページ

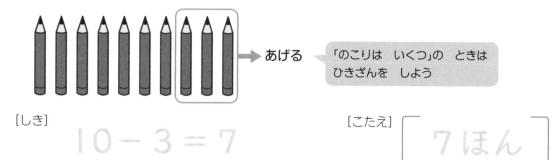

ながさくらべ

～ながさを　くらべよう～

Webおかわりもんだい さんすう⑦をみてね

べんきょう日　　月　　日

てんすう　　てん

こたえ▼べっさつ8ページ

1 ながい　ほうを　あ，いで　かきましょう。　1つ25てん　75てん

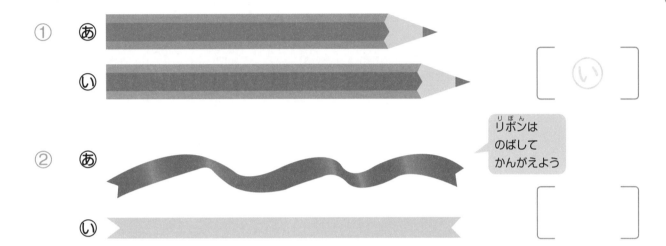

① あ　い

[　　　]

② あ　い

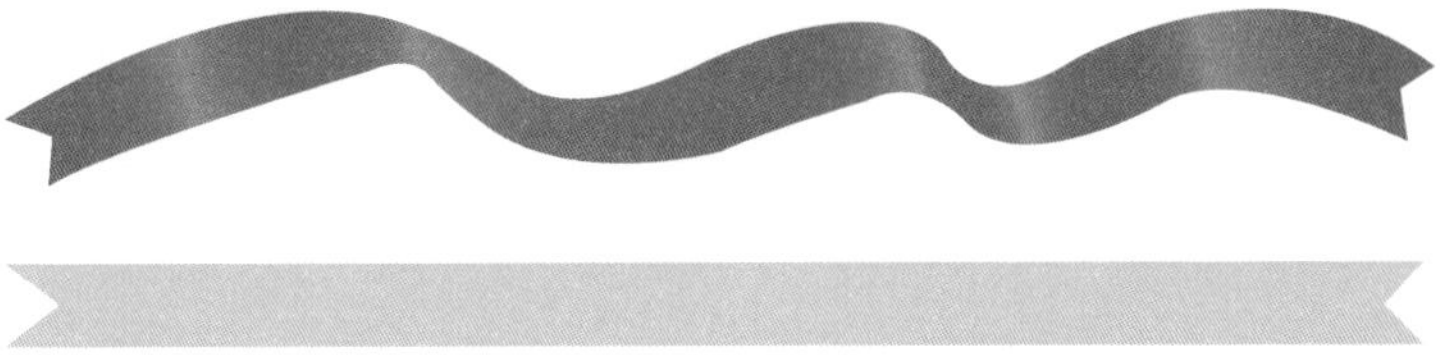

リボン《りぼん》は
のばして
かんがえよう

[　　　]

③ あ　たて　　い　よこ

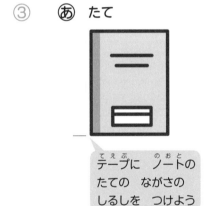

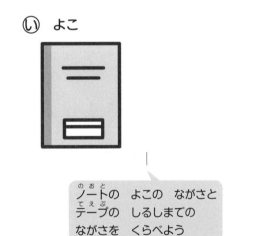

テープ《てえぷ》に　ノート《のおと》の
たての　ながさの
しるしを　つけよう

ノート《のおと》の　よこの　ながさと
テープ《てえぷ》の　しるしまでの
ながさを　くらべよう

[　　　]

2 いちばん　ながいのは　どれですか。あ，い，うで　かきましょう。　25てん

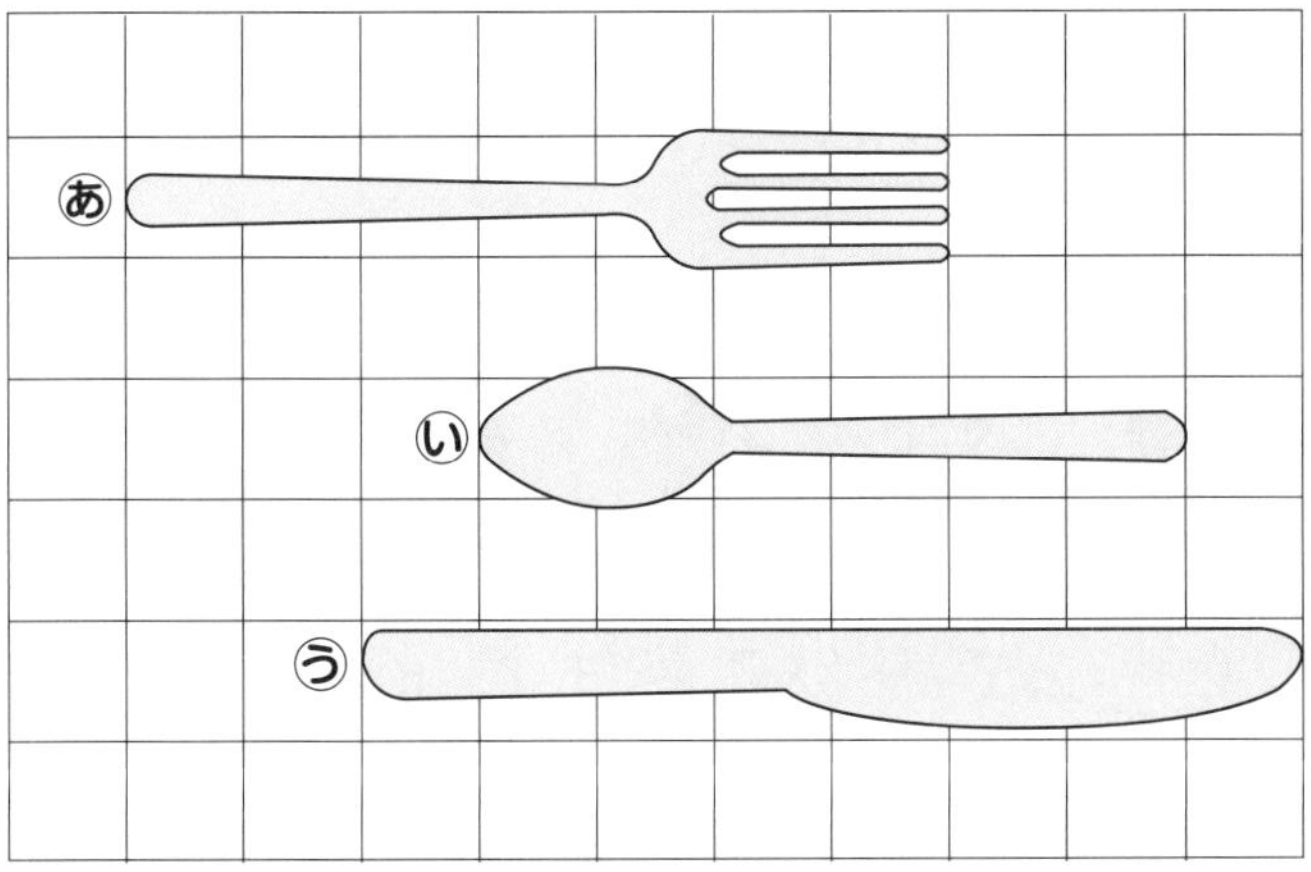

ますの　いくつぶんの
ながさかで　くらべよう

[　　　]

なるほど！
ならべて　くらべられない　ものは，テープ《てえぷ》に　ながさの　しるしを　つけて
くらべると　いいよ。

おかわりもんだい　べっさつ8ページ

1がっきの　まとめ

てんすう
てん

べんきょう日　月　日

こたえ▼べっさつ8ページ

1 けいさんを　しましょう。

1つ6てん　60てん

① 7＋2＝[　　]　② 8－7＝[　　]

③ 4＋3＝[　　]　④ 6－5＝[　　]

⑤ 3＋5＝[　　]　⑥ 7－2＝[　　]

⑦ 6＋1＝[　　]　⑧ 5－3＝[　　]

⑨ 2＋8＝[　　]　⑩ 10－1＝[　　]

2 □に　あう　かずを　かきましょう。

①，②1つ10てん　20てん

① 3 — 4 — 5 — □ — 7 — □ — 9

② 10 — 9 — □ — 7 — 6 — 5 — □

3 えを　みて　こたえましょう。

1つ10てん　20てん

① ひだりから　3にんめを　〇　で　かこみましょう。

② みぎから　4にんを　□　で　かこみましょう。

なるほど！
たしざんや　ひきざん，かずの　じゅんじょは，これからの　がくしゅうの
もとに　なるよ。まちがえた　ところは　みなおして　おこう。

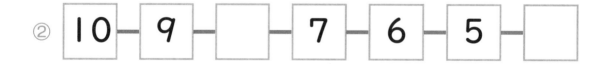

2がっきの　さきどり
～20までの　かず～

べんきょう日　　月　　日

てんすう　　てん

こたえ▶べっさつ9ページ

1 かずを　かぞえて　すうじで　かきましょう。　1つ10てん　20てん

10と　あと　いくつかを
かんがえよう

① 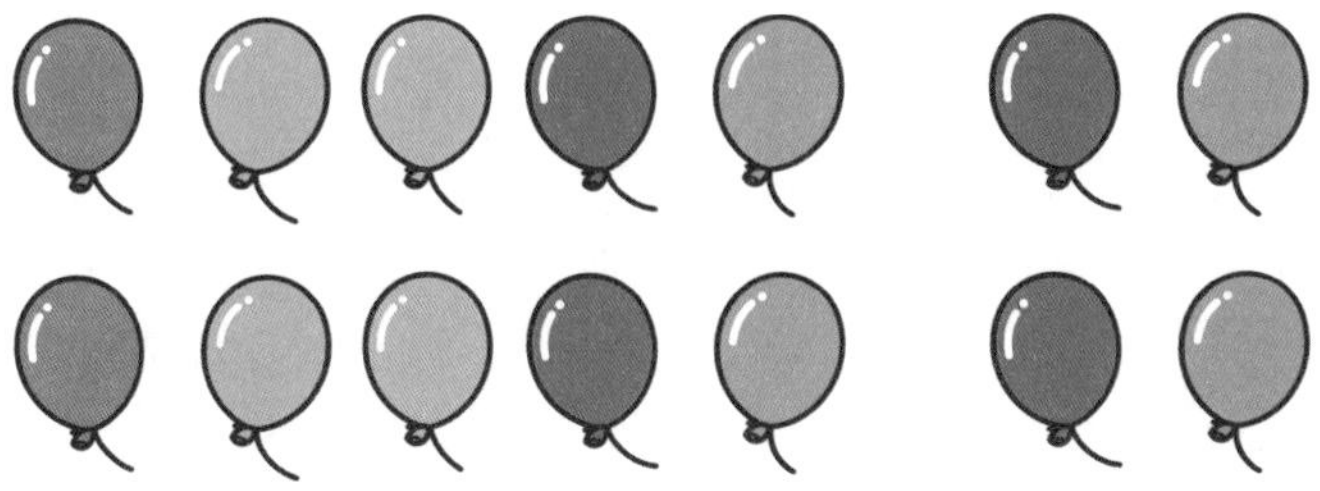

［ 14 ］

② 

［　　］

2 ［ ］に　あう　かずを　かきましょう。　1つ10てん　40てん

① 10と　5で　［ 15 ］　　② 10と　7で　［　　］

③ 13は　10と　［　　］　　④ 18は　10と　［　　］

3 □に　あう　かずを　かきましょう。　①、②1つ20てん　40てん

いくつずつ　ふえて　いるか　かんがえよう

① 9 ― 10 ― 11 ― 12 ― □ ― □

② □ ― 19 ― □ ― 17 ― □ ― 15

なるほど！
10と　1で　11，10と　2で　12，　……，　10と　9で　19だね。
その　つぎは　10が　2つで　20に　なるよ。

1 あいさつ

べんきょう日　　月　　日

てんすう　　　てん

こたえ▼べっさつ10ページ

1 ひだりの　えに　あう　あいさつを　せんで　むすびましょう。

1つ20てん　60てん

いただきます。

ただいま。

しつれいします。

2 つぎの　とき　なんと　あいさつ　しますか。

1つ20てん　40てん

① あさ　ともだちと　あった　とき　[　　　　　　]

② ひる　ともだちと　あった　とき　[　　　　　　]

なるほど！　いろいろな　おみせの　ひとや　びょういんの　ひとは　どんな　あいさつを　しているかな。

2 がっこう たんけん

べんきょう日　　月　　日

てんすう　　てん

こたえ▼べっさつ10ページ

1 ひだりの　ような　ときに　いく　ばしょを　せんで
むすびましょう。

1つ20てん　100てん

おなかが
いたいよ。

せんせいを
むかえに　いこう。

ほんを　かりよう。

つぎは　みんなで
うたうんだね。

ひるやすみは
ボール《ぼうる》で　あそぼう。

・しょくいんしつ

・おんがくしつ

・こうてい

・ほけんしつ

・としょしつ

なるほど！

ほけんしつや　としょしつなどの　がっこうの　へやには　どんな　ものが
おかれて　いたか　おもいだして　みよう。

3 はなしかたと　ききかた

べんきょう日　　月　　日

てんすう

てん

こたえ▼べっさつ10ページ

1 ともだちが　したの　えの　ような　ときに　なんと　いいますか。ただしい　ほうに　○を　つけましょう。

1つ30てん　60てん

①

だいじょうぶ？

・

だめだよ。

②

よかったね。

・

へんな　はな。

2 こうちょうせんせいと　はなす　ときの　じゅんに　なるように　ばんごうを　ならべましょう。

ぜんぶで　40てん

① おはなしを　きかせてください。

② こんにちは。しつれいします。

③ １ねん　２くみの　よしだです。

④ ありがとうございました。さようなら。

[　　→　　→　　→　　]

なるほど！　しんせきの　ひとや　がっこうの　せんせいなど　しって　いる　いろいろな　ひとと　はなして　みよう。

4 こうつうあんぜん

てんすう

べんきょう日　月　日

てん

こたえ▼べっさつ11ページ

1 したの　えを　みて　よくない　ことを　して　いる　ばめん　**5つ**を　えらび，×を　つけましょう。

1つ20てん　100てん

①

②

③

④

⑤

⑥

⑦

⑧

なるほど！

どんな　どうろひょうしきが　あるか　つうがくろや　いえの　ちかくで　さがして　みよう。

5 たねを　まこう

べんきょう日　　月　　日

てんすう　　　　てん

こたえ▼べっさつ11ページ

1 たねを　まく　じゅんに　なるように，したの　えの　ばんごうを　ならべましょう。

ぜんぶで　60てん

①

②

③

④
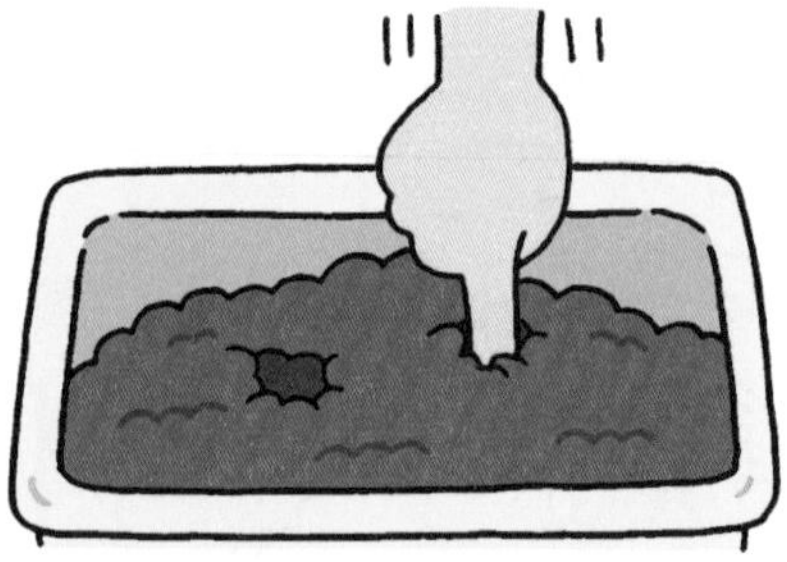

［　　　　→　　　　→　　　　→　　　　］

2 したの　えは　なんの　たねですか。えと　なまえを　せんで　むすびましょう。

1つ10てん　40てん

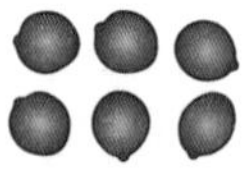

マリーゴールド《まりいごうるど》　　アサガオ《あさがお》　　ホウセンカ《ほうせんか》　　ヒマワリ《ひまわり》

なるほど！

かだんの　はなの　たねは　どんな　かたちや　いろを　しているか　インターネット《いんたあねっと》や　としょかんで　しらべて　みよう。

せいかつ

6 くさばなの　せわ

べんきょう日　　月　　日

てんすう

てん

1 したの　えの　たねと　めを　せんで　むすびましょう。

1つ10てん　40てん

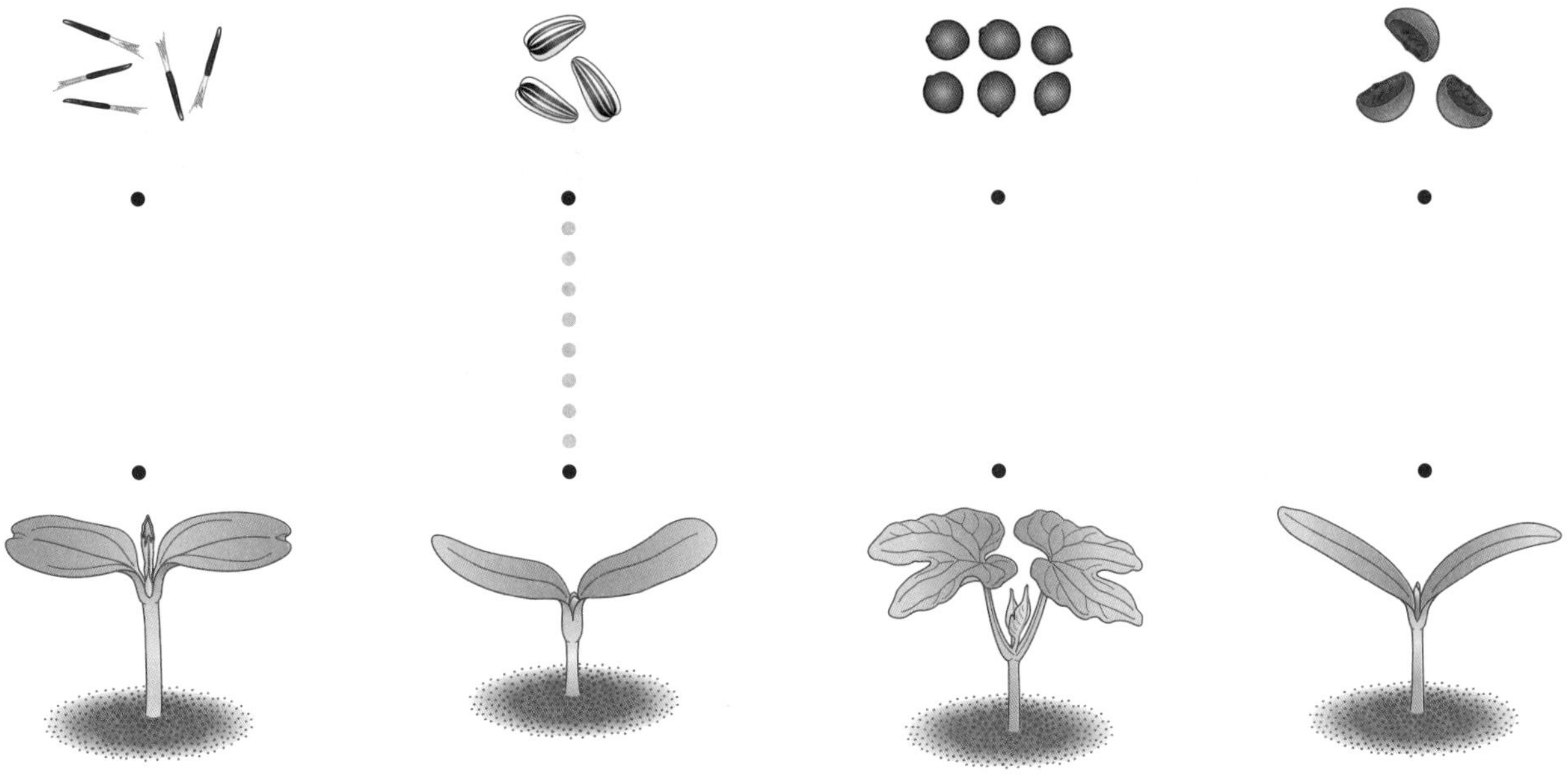

2 アサガオ《あさがお》を　そだてた　ときの　ようすを　カード《かあど》に　かきました。

［　］に　あてはまる　ことばを　かきましょう。

1つ20てん　60てん

みつけたよ

めが　でたよ

7がつ　22にち　すいようび

なまえ　さいとう　ゆか

めから　2まいの　はが　でて
きました。まいにち　わすれずに
みずを　あげます。

①［　　　　］ことを
かこう。

えんぴつで　かたちを　かいて
②［　　　　］で
いろを　ぬろう。

まえと　ちがう　ことや
じぶんの ③［　　　　］
を　かこう。

なるほど！

ずかんや　インターネット《いんたあねっと》で　いろいろな　めを　しらべて
はじめに　でる　はの　かずや　はの　かたちで　なかまわけ　して　みよう。

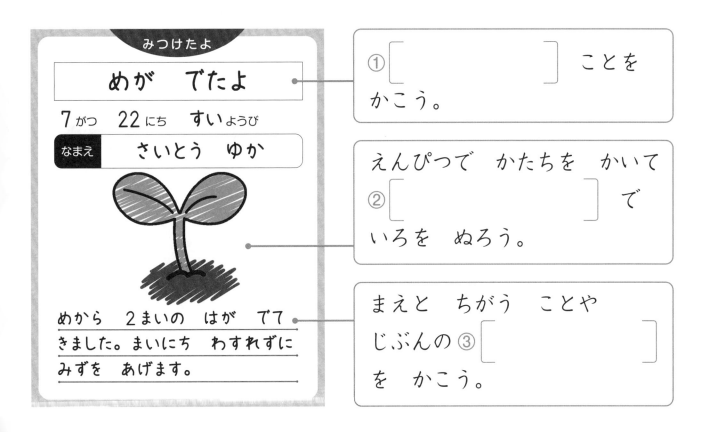

せいかつ

7 はなが　さいたよ

べんきょう日　　月　　日

てんすう　　てん

こたえ▶べっさつ12ページ

せいかつ

1 したの　えは　かんさつの　しかたを　かいた　ものです。
えと　して　いる　ことを　せんで　むすびましょう。　1つ10てん　40てん

じっくり　みる　　さわる　　きく　　においを　かぐ

2 したの　えの　たねと　はなを　せんで　むすびましょう。

1つ15てん　60てん

なるほど！

いえの　きんじょの　こうえんや　りょこうに　いった　ところで　みた
はなを　かんさつして　カード《かあど》に　かいて　おこう。

8 なつの　こうてい

べんきょう日　　月　　日

てんすう

てん

こたえ▼べっさつ12ページ

1 したの　えの　なかで　きけんなので　さわったり　ちかづいたり　しては　いけない　むし　**3つ**を　○で　かこみましょう。

1つ20てん　60てん

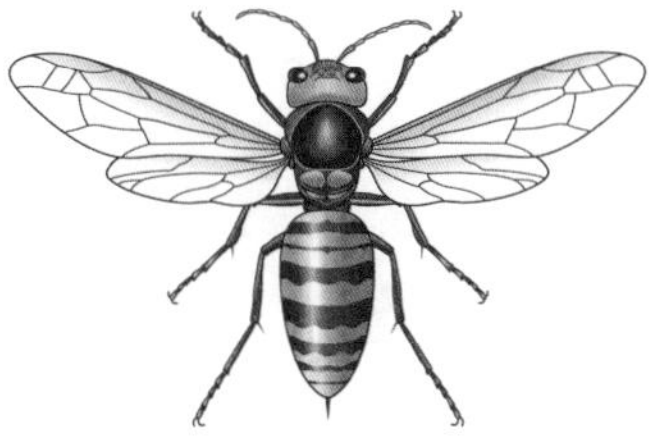

スズメバチ《すずめばち》

カブトムシ《かぶとむし》

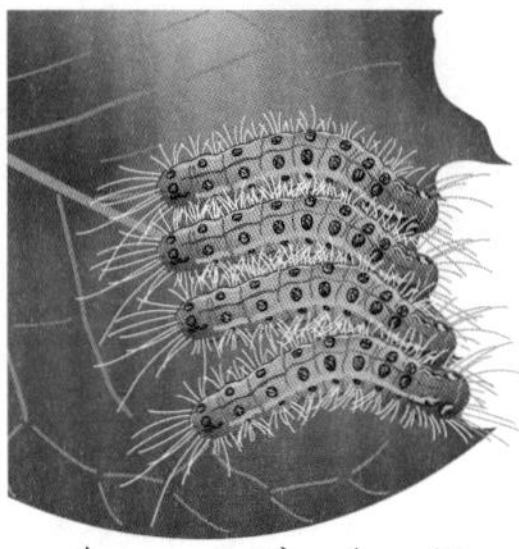

チャドクガ《ちゃどくが》

アブラゼミ《あぶらぜみ》

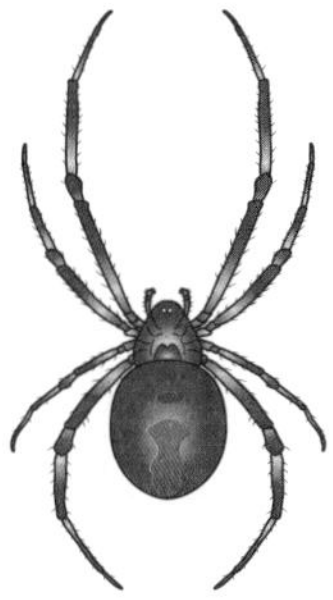

セアカゴケグモ《せあかごけぐも》

2 なつに　こうていで　あそぶ　とき　ねっちゅうしょうに　ならない　ために　きを　つける　こと　**2つ**に　○を　つけましょう。

1つ20てん　40てん

① [　　] こまめに　みずを　のむ。

② [　　] かみなりが　なったら　きの　したに　いく。

③ [　　] ひかげで　やすむ。

④ [　　] つづけて　うんどうする。

なるほど！

ねっちゅうしょうに　ならない　ために　どんな　ことを　したら　いいか　テレビ《てれび》の　ニュース《にゅうす》を　みて　みよう。

せいかつ

9 なつの　いきもの

べんきょう日　　月　　日

てんすう

てん

こたえ▼べっさつ12ページ

1 なつに　みられる　はな　**3つ**を　○で　かこみましょう。

1つ20てん　60てん

ヘチマ《へちま》

ツユクサ《つゆくさ》

ツバキ《つばき》

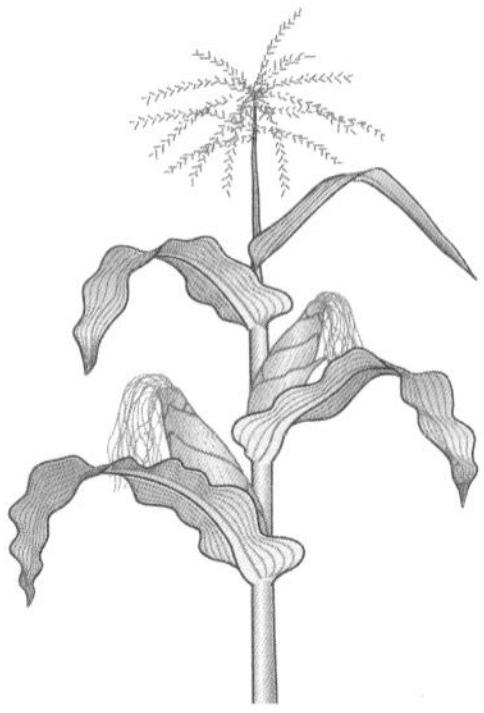

トウモロコシ《とうもろこし》

チューリップ《ちゅうりっぷ》

タンポポ《たんぽぽ》

2 なつの　こうていに　つぎの　ような　むしが　いました。むしと　むしが　いた　ばしょを　せんで　むすびましょう。

1つ10てん　40てん

アゲハ《あげは》

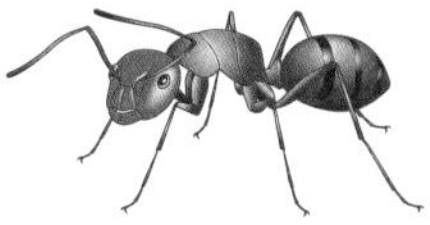

クロオオアリ《くろおおあり》

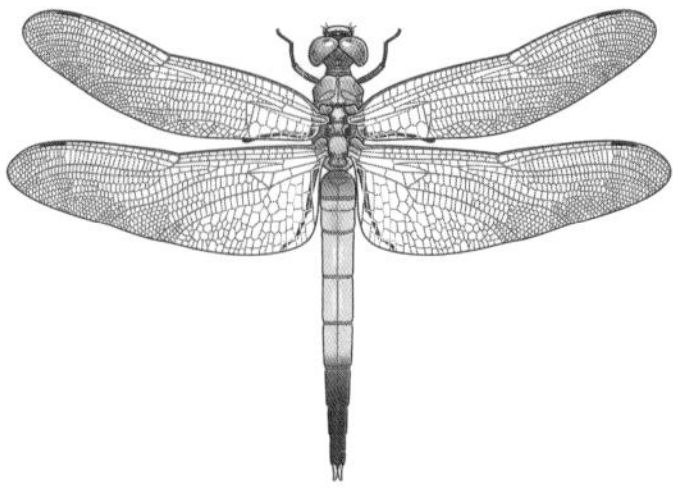

シオカラトンボ《しおからとんぼ》

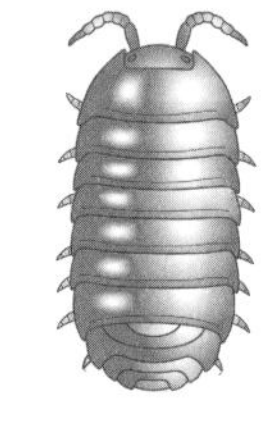

ダンゴムシ《だんごむし》

いけの　うえ　　いしの　した　　はなの　そば　　じめん

なるほど！

いえの　きんじょや　りょこうに　いった　ところで　みかけた　いきものの　なまえを　ほんや　インターネット《いんたあねっと》で　しらべよう。

なつの　あそび

べんきょう日　　月　　日

てんすう

てん

こたえ▶べっさつ13ページ

1 みずでっぽうの　みずを　とおくの　まとに　あてる　ことが　できる　ほうを　○で　かこみましょう。　1つ20てん　60てん

① みずでっぽうを　［ つよく　・　よわく ］　おす。

② みずでっぽうを　［ すこしだけ　・　たくさん ］　おす。

③ ふたの　あなを　［ おおきく　・　ちいさく ］　あける。

2 したの　えの　ように　すると　たくさんの　しゃぼんだまが　できますか，おおきな　しゃぼんだまが　できますか。　1つ20てん　40てん

①

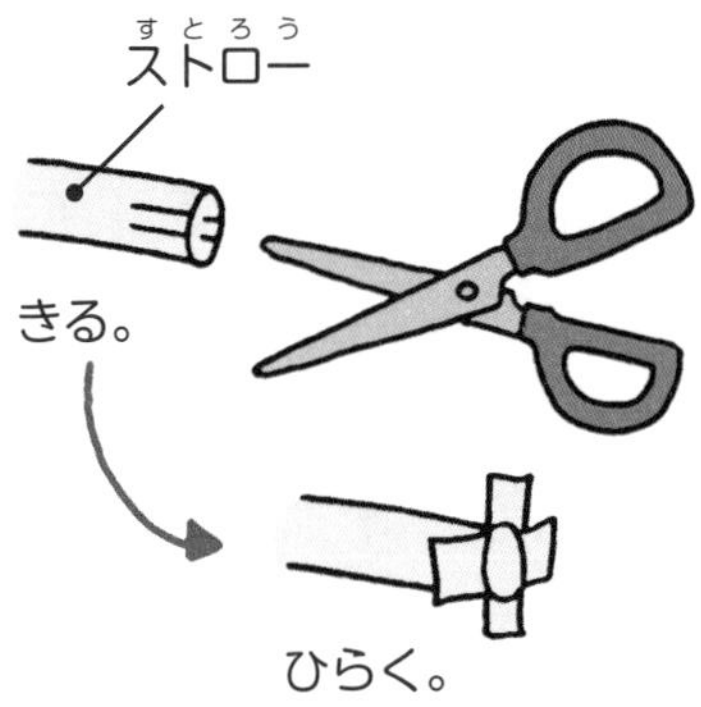

②

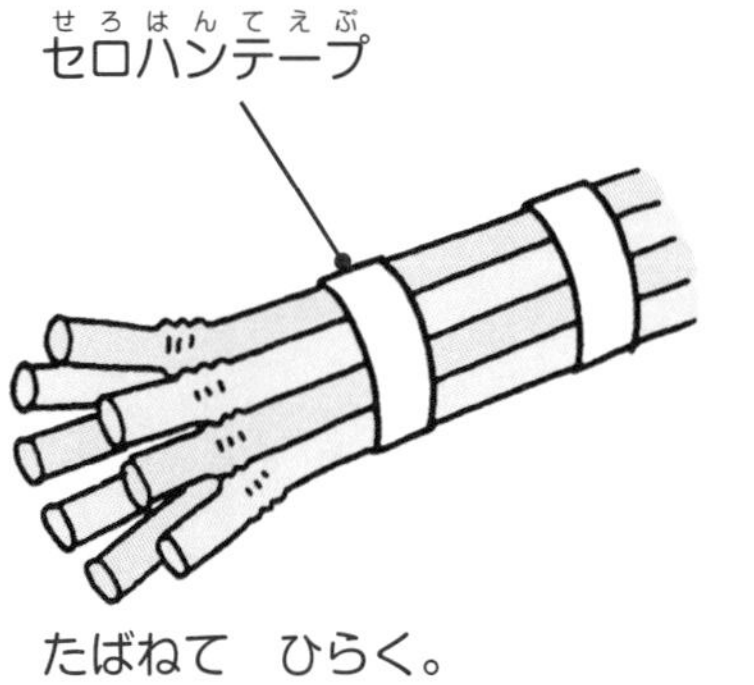

● ［　　　　］ しゃぼんだまが　できる。

● ［　　　　］ しゃぼんだまが　できる。

なるほど！

マヨネーズ《まよねえず》の　いれものを　つかって　みずでっぽうを　つくって　いろいろ　ためして　みよう。

1 アルファベット① おおもじ

べんきょう日　　月　　日

てんすう　　てん

こたえ▼べっさつ14ページ

1 アルファベット《あるふぁべっと》の　おおもじを　こえに　だして　よみましょう。よめた　アルファベット《あるふぁべっと》に　○を　つけましょう。おんせいも　ききましょう。

ぜんぶで 100てん

A	B	C	D	E
		F	G	H
I	J	K	L	M
N	O	P	Q	R
S	T	U	V	W
X	Y	Z		

APPLE
リンゴ《りんご》

ZOO
どうぶつえん

なるほど！
えいごは　アメリカ《あめりか》　カナダ《かなだ》　イギリス《いぎりす》　オーストラリア《おおすとらりあ》などの　くにぐにで　つかわれて　いるよ。どこに　ある　くにか　せかいちずで　しらべて　みよう。

2 アルファベット② こもじ

べんきょう日　　月　　日

てんすう　　　てん

こたえ▶べっさつ14ページ

1 アルファベット《あるふぁべっと》の　こもじを　こえに　だして　よみましょう。よみながら　じゅんばんに　やじるしを　なぞりましょう。おんせいも　ききましょう。

ぜんぶで　100てん

なるほど！
アルファベット《あるふぁべっと》は　Aとa　Bとbの　ように　おおもじと　こもじで　かたちが　ちがうけど　よみかたは　おなじだよ。

3 たんご① たべもの

べんきょう日　　月　　日

てんすう　　てん

こたえ▼べっさつ14ページ

1 くだものの　イラスト《いらすと》と　えいごを　せんで　むすびましょう。おんせいも　ききましょう。

1つ10てん　40てん

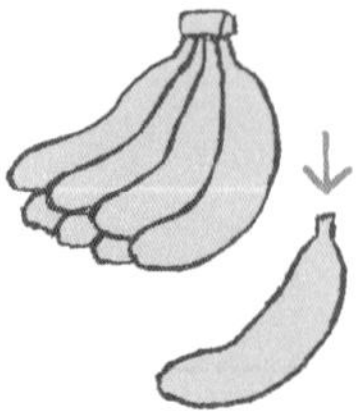

orange　　apple　　peach　　banana

オレンジ《おれんじ》　　リンゴ《りんご》　　モモ《もも》　　バナナ《ばなな》

2 ［　］のなかの　アルファベット《あるふぁべっと》と　おなじ　もじに　○を　つけましょう。おんせいも　ききましょう。

1つ20てん　60てん

① d　　② f　　③ j

bread　　fruit　　juice

パン《ぱん》　　くだもの　　ジュース《じゅうす》

なるほど！

「オレンジ《おれんじ》」や「バナナ《ばなな》」は　にほんごと　ちかい　おとだね。ふとい　じの　ぶぶんを　つよく　よむよ。

たんご② かぞく・ひと

1 イラスト《いらすと》の　したの　えいごの　a，o，i，eに　○を　つけましょう。おんせいも　ききましょう。

1つ10てん　70てん

①

father

ちち，おとうさん

②

mother

はは，おかあさん

③

brother

あに，おとうと

④

sister

あね，いもうと

⑤

family

かぞく

⑥

baby

あかちゃん

⑦

child

こども

2 さいしょの　ひともじを　なぞって　かきましょう。おんせいも　ききましょう。

1つ10てん　30てん

①

おとこのこ

boy

②

おんなのこ

girl

③

せんせい

teacher

なるほど！

えいごでは「あに(おにいさん)」も「おとうと」も　どちらも　brotherと
いうよ。「あね(おねえさん)」と「いもうと」も　どちらも　sisterだよ。

2がっきの　さきどり

べんきょう日　　月　　日

てんすう　　てん

こたえ▼べっさつ17ページ

1

□の　かんじを　なぞりましょう。

1つ10てん　30てん

① 山《やま》に　のぼる。

② さかの　上《うえ》。

③ かいだんの　下《した》。

2

つぎの　かずを　あらわす　かんじを　なぞりましょう。

1つ10てん　30てん

① いち

一

② さん

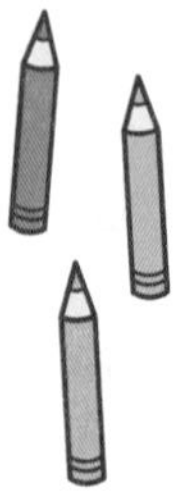

三

③ ご

五

3

つぎの　えから　できた　かんじを　したから　えらび、――せんで　つなぎましょう。

1つ10てん　40てん

①　②　③　④

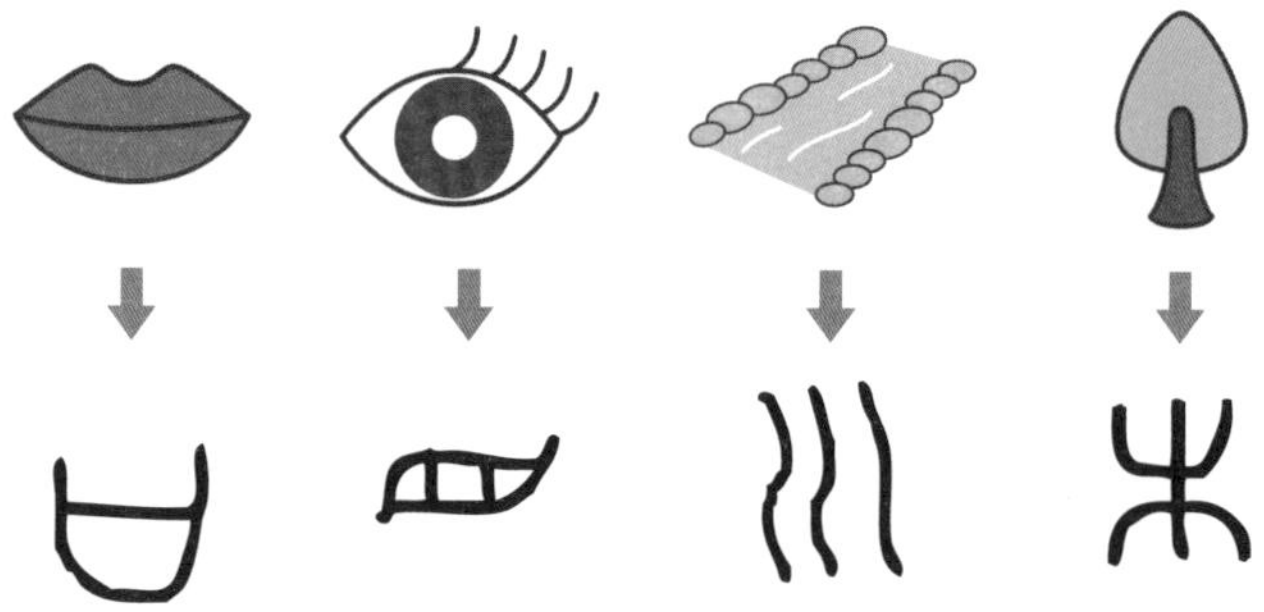

川　目　口　木

2がっきからは、いよいよ
かんじの　べんきょうが
はじまるよ。

なるほど！

かんじは　ちゅうごくで　うまれた　もじだよ。むかし、にほんに　はいって　きて、にほんごを　あらわす　もじに　なったよ。

1がっきの　まとめ

1

つぎの　ぶんしょうを　よんで　あとの　もんだいに　こたえましょう。

1つ20てん　100てん

はる。タンポポ《たんぽぽ》わ　はなが　おわると　せを　たかく　のばし　たねを　つけます。たねには　わたげが　ついています。かぜに　ふかれると　わたげは　ふわふわと　とんでいきます。タンポポ《たんぽぽ》が　たかく　のびるのは　わたげが　かぜを　つかまえやすくするためです。
かぜに　のって　とおくまで　とんだ　たねは　やがて　めを　だして　あたらしい　タンポポ《たんぽぽ》になります。
こうして　タンポポ《たんぽぽ》は　なかまを　いろいろな　ところに　ふやしていくのです。

（稲垣栄洋《いながきひでひろ》『たねの　さくせん』より）

① 「タンポポ《たんぽぽ》わ　はなが　おわると」の「わ」を、ただしく　かきなおしましょう。

タンポポ《たんぽぽ》［　　］　はなが　おわると

② この　ぶんしょうは、なにに　ついて　せつめいして　いますか。

タンポポ《たんぽぽ》の［　　］に　ついて。

③ タンポポ《たんぽぽ》の　たねには、なにが　ついて　いますか。

［　　］

④ タンポポ《たんぽぽ》が　たかく　のびるのは、なぜですか。

わたげが［　　］を　つかまえやすく　する　ため。

⑤ なかまを　いろいろな　ところに　ふやして　いく　ために、タンポポ《たんぽぽ》の　たねは、どう　しますか。

かぜに　のって［　　］まで　とんで　いく。

なるほど！
タンポポ《たんぽぽ》は　えいごで　「ダンデライオン《だんでらいおん》」と　いうよ。はっぱの　ぎざぎざが、ライオン《らいおん》の　くちの　なかの　はに　にて　いるからと　いわれて　いるよ。

おはなし⑤
〜おはなしを　よもう〜

べんきょう日　　月　　日

てんすう
　　てん

こたえ▼べっさつ17ページ

1　つぎの　ぶんしょうを　よんで　あとの　もんだいに　こたえましょう。

1つ20てん　100てん

ともやの　がっこうの　一年生《いちねんせい》は、六人《ろくにん》しかいない。むかしは　おおぜいいたのに　みんな　まちへ　でていって、子《こ》どもが　どんどん　すくなくなった。

ひろい　きょうしつに、おとこの子《こ》が　三人《さんにん》、おんなの子《こ》も　三人《さんにん》。

「おとこの子《こ》と　おんなの子《こ》と、なかよしどうして、手《て》をつないで　ならんでみましょう。」

うけもちの　とも子《こ》先生《せんせい》は、そんなことを　いった。

そんなあ……。

ともやは、ほいくえんのときから、あきよが　すきだけれど、あきよは、ひろしのほうが　すきかもしれないし、ともやは　とまどっていた。

（宮川《みやかわ》ひろ『あいあいがさの　1年生《ねんせい》』より）

① ともやの　がっこうの　一年生《いちねんせい》が、六人《ろくにん》しか　いないのは、なぜですか。

みんな　まちへ　［　　　　］、子《こ》どもが　どんどん　［　　　　］から。

チャレンジもんだい

② とも子《こ》先生《せんせい》が　いった　ことを　かきましょう。

「おとこの子《こ》と　おんなの子《こ》と、［　　　　］どうして、手《て》を　［　　　　］ならんでみましょう。」

③ ともやが　すきなのは、だれですか。なまえを　かきましょう。

［　　　　］

なるほど！
ひとを　かぞえる　ときは、「人《にん》」を　つかうよ。でも、1人や　2人の　ときは、「ひとり」「ふたり」と　いうよ。

さくぶん②
～さくぶんの　かきかた～

べんきょう日　　月　　日

てんすう　　てん

こたえ▼べっさつ18ページ

1 えを　みて、だれが　なにを　して　いるのか、ぶんを　かきましょう。

1つ10てん　40てん

①

おんなのこ　が、

〔　　　　　〕

②

□□　が、

〔　　　　　〕

2 つぎの　さくぶんを　よんで、もんだいに　こたえましょう。

1つ20てん　60てん

きょうのあさ、いえのあさが
おがみっつさきました。しろい
はながひとつと、むらさきいろ
のはながふたつです。とてもき
れいだとおもいました。

① いつの　ことを　かいて　いますか。

□　の　□。

② あさがおの　はなを　みて、おもった　ことが　かかれて　いる　ぶぶんを　かきましょう。

とても　□　だと
おもいました。

なるほど！

あさがおの　ほかに、ひるがお、ゆうがお、よるがおと　いう　しょくぶつも
あるよ。ゆうがおだけは、ほかとは　ちがう　しゅるいだよ。

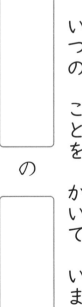

ぶんの　きまり
～だれが　どう　する～

Webおかわりもんだい
こくご⑥をみてね

べんきょう日　　月　　日

てんすう　　てん

こたえ▼べっさつ18ページ

1 えに　あう　ことばを　□から　えらんで、□に　かきましょう。（1つ10てん）20てん

① ゆみさんが　□□□。

② □□　が　なく。

たべる・せみ・およぐ

2 つぎの　ぶんで、「だれが（なにが）」に　あたる　ことばを　かきましょう。（1つ20てん）40てん

① ぞうが　みずを　のむ。　□

② ふねが　うごきだす。　□

3 うえに　つづく　ことばを　したから　えらんで、——せんで　むすびましょう。（1つ10てん）40てん

① ひまわりが・　　・はしる。

② たいようが・　　・さく。

③ きんぎょが・　　・およぐ。

④ でんしゃが・　　・かがやく。

なるほど！
「だれが（なにが）」に　あたる　ことばには、「が」の　ほかに、「わたしは　いかなかった。」のように、「は」が　ついて　いる　ことも　あるよ。

おかわりもんだい　べっさつ18ページ

おはなし④

～どんな　ことを　はなしたのかな～

べんきょう日　　月　　日

てんすう　　てん

こたえ▶べっさつ18ページ

1 つぎの　ぶんを　よんで　あとの　もんだいに　こたえましょう。 30てん

わたしは、おばあちゃんに、がっこうで　あった　できごとを　はなしました。

● 「わたし」は、おばあちゃんに　どんな　ことを　はなしましたか。

がっこうで　あった　（　　　　　）を　はなした。

2 つぎの　ぶんしょうを　よんで　あとの　もんだいに　こたえましょう。 30てん

はるとは、いそいで　がっこうに　いきました。がっこうに　つくと、せんせいに、「おはようございます。」と　おおきな　こえで　いいました。

● はるとは、せんせいに、なんと　いいましたか。

「（　　　　　）。」と　いった。

3 つぎの　ぶんしょうを　よんで　あとの　もんだいに　こたえましょう。 40てん

おねえさんが、おとうとに　いいました。「よみおわった　ほんは、きちんと　かたづけてね。」

● おねえさんは、おとうとに　なんと　いいましたか。

「よみおわった　ほんは、きちんと（　　　　　）。」と　いった。

なるほど！　「　」で　かこまれた　ぶぶんが、はなした　ことばだよ。

18 おはなし③

～なにを　して　いるのかな～

べんきょう日　　月　　日

てんすう　　てん

こたえ▼べっさつ19ページ

1　つぎの　ぶんを　よんで　あとの　もんだいに　こたえましょう。　25てん

> まみさんは、ともだちと　あそんで　います。

● まみさんは、なにを　して　いますか。

ともだちと　［　　　　　］　いる。

2　つぎの　ぶんを　よんで　あとの　もんだいに　こたえましょう。　25てん

> ぼくは、すいえいの　れんしゅうを　して　います。

● 「ぼく」は、なにを　して　いますか。

［　　　　　］の　れんしゅうを　して　いる。

3　つぎの　ぶんしょうを　よんで　あとの　もんだいに　こたえましょう。　1つ25てん　50てん

> はじめての　せいかつかは、こうちょう先生《せんせい》ほうもんだった。とも子《こ》先生《せんせい》が　ほそながく　きった　がようしを　くばって　くれた。そのかみに「たなか　ともや」って、じぶんの　なまえを　かいた。これで　めいしの　できあがり。
>
> （宮川《みやかわ》ひろ『あいあいがさの　1年生《ねんせい》』より）

① はじめての　せいかつかでは、なにを　したのですか。

こうちょう先生《せんせい》　［　　　　　］

チャレンジもんだい

② がようしに　なまえを　かいて、なにを　つくったのですか。

［　　　　　］を　つくった。

なるほど！　「めいし」は、じぶんの　なまえなどが　かかれた　ちいさな　かみで、しごとなどで　はじめて　あった　ひとに　わたす　ものだよ。

ことば③

～「は」「へ」「を」に　きを　つけよう～

Webおかわりもんだい こくご⑤をみてね

べんきょう日　　月　　日

てんすう　　てん

こたえ▼べっさつ19ページ

1　□には、□の　なかの　どちらが　はいりますか。あう　じを　かきましょう。

1つ10てん　60てん

① わ・は

これ□、□たしの　ほんです。

② お・を

□とうとが、うた□　うたって　います。

③ え・へ

あちら□　いくと、□きが　あります。

2　つぎの　ぶんには、まちがいが　ひとつずつ　ありま す。まちがって　いる　じに　×を　つけて、□に　ただしい　じを　かきましょう。

1つ4てん　40てん

れい　きょうわ　にちようびです。　は

① みんなで　うみえ　いきました。

② いちごお　ふたつ　たべました。

③ さかなわ、みずの　なかで　くらします。

④ をもちゃを　かって　もらいました。

⑤ ともだちが　こちらえ　きました。

①□　②□　③□　④□　⑤□

なるほど！　よむ　ときに、おなじ　よみかたに　なる　じには、「は・わ」、「へ・え」、「を・お」が　あるよ。

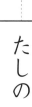

ひらがなで　あそぼう②

〜なにが　できるかな〜

べんきょう日　　月　　日

てんすう　　てん

こたえ▶べっさつ19ページ

1 えを　みて、□に　はいる　じを　かきましょう。

1つ20てん　60てん

① ② ③

2 ひだりの　えで、「゛」や「゜」を　つける　ことの　できる　ひらがなが　ある　ところを　ぬりつぶして　いくと、なんの　えが　できますか。

40てん

こたえ

「は」や「て」などが　そうだね。「ば」と「ぱ」や、「で」のように、「゛」や「゜」を　つけられる　ひらがなを　さがそう。

なるほど！　もんだい1のように、おなじ　もじを　つかって　いる　ことばを　くみあわせて、ぱずるを　つくって　みよう。

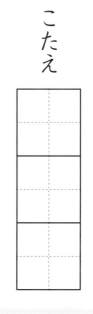

せつめいぶん②

～どのように するのかな～

べんきょう日　　月　　日

てんすう　　てん

こたえ▼べっさつ20ページ

1 つぎの ぶんしょうを よんで あとの もんだいに こたえましょう。 1つ25てん 50てん

らっこは、つめたい みずの なかで くらして います。らっこは、おなかを うえに むけて みずに うかんで いる ことが おおいです。おなかに のせた いしを つかって、かいがらを わります。

① らっこは、どのように して いる ことが おおいですか。

おなかを うえに むけて みずに（　　　　）ことが おおい。

② らっこは、なにを つかって かいがらを わりますか。

おなかに のせた（　　　　）を つかって わる。

2 つぎの ぶんしょうを よんで あとの もんだいに こたえましょう。 1つ25てん 50てん

なまけものは、もりに すむ どうぶつです。ほとんどの じかんを きに ぶらさがって すごします。

なまけものは ゆっくり うごく ことで、すくない たべものでも いきて いけるように して います。

① なまけものは、ほとんどの じかんを どのように すごして いますか。

きに（　　　　）すごす。

チャレンジもんだい

② なまけものは、どのように する ことで すくない たべものでも いきて いけるように して いますか。

（　　　　）こと。

なるほど！ こくごの もんだいは、もんだいぶんを よく よんで、どんな ことを こたえる もんだいなのかを きちんと とらえよう。

14 せつめいぶん①

～なんの　せつめいかな～

べんきょう日　　月　　日

てんすう　　てん

こたえ▶べっさつ20ページ

1 つぎの　ぶんしょうを　よんで　あとの　もんだいに　こたえましょう。30てん

> きりんは、ながい　くびを　もって　います。だから、たかい　きの　うえの　はっぱを　たべる　ことが　できます。

● この　ぶんしょうで　せつめいして　いる　どうぶつは、なんですか。

2 つぎの　ぶんしょうを　よんで　あとの　もんだいに　こたえましょう。30てん

> あさがおの　はなが　しぼむと、みが　なりました。はじめは、みどりいろだった　みが　うすちゃいろに　なると、なかに　くろい　たねが　できて　いました。

● この　ぶんしょうで　せつめいして　いる　しょくぶつは、なんですか。

3 つぎの　ぶんしょうを　よんで　あとの　もんだいに　こたえましょう。40てん

> おちばの　したには、だんごむしが　いました。だんごむしは、ゆびで　さわると、だんごのように　まるく　なります。だから、だんごむしと　いう　なまえが　つきました。

● この　ぶんしょうで　せつめいして　いる　むしは、なんですか。

なるほど！　せつめいぶんを　よむ　ときは、なにに　ついて　かいて　いるのかを　みつける　ことが　たいせつだよ。

13 さくぶん①
~ぶんの　くみたて~

べんきょう日　　月　　日

てんすう　　てん

こたえ▼べっさつ20ページ

1 つぎの　ぶんを　かいて　みましょう。 1つ20てん　60てん

① たんぽぽが　さく。

たんぽぽが
さく。

② いぬが　ほえる。

いぬが

③ じどうしゃが　はしる。

2 □に　あう　ことばを、□から　えらんで　かきましょう。 1つ10てん　40てん

① くるま □ のる。　が・に

② ほん □ よむ。　が・を

③ こうえん □ あそぶ。　で・に

④ がっこう □ いく。　へ・は

なるほど！

「くるまが」のように　「が」が　つく　ばあいは、くるまが　なにを　するのかを　あらわすよ。

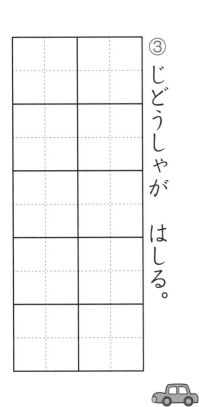

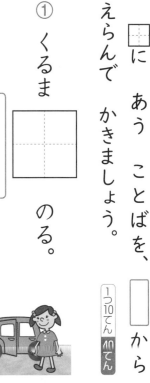

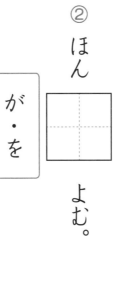

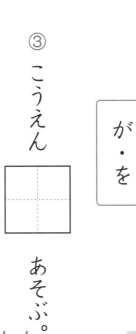

どんな　えが　できるかな？

べんきょう日　　月　　日

こたえ▶ページのしたにあるよ

ただしい　ほうを　えらんで　○を　つけましょう。また、○を　つけた　もじの　□を　ぜんぶ　ぬりつぶしましょう。どんな　えが　できるかな。

① としょかん［え・へ］いく。

② ほん［を・お］よむ。

③ かぼち［ゃ・や］

④ が［っ・つ］こう

や	っ	つ	ゃ	お
を	お	を	え	ゃ
へ	つ	お	や	を
や	っ	え	ゃ	つ
つ	え	へ	お	え

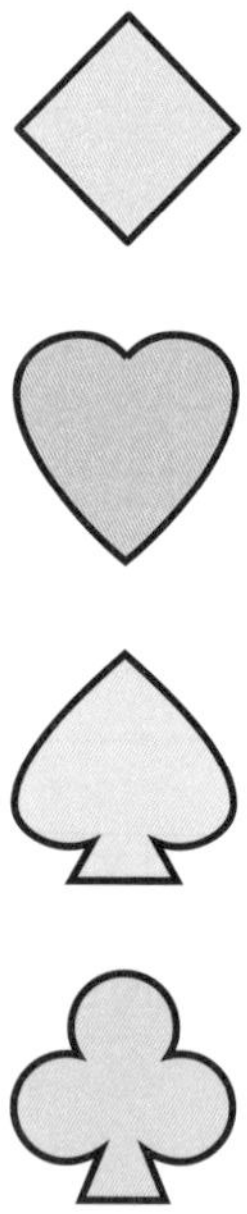

［こたえ］①へ　②を　③ゃ　④っ　（ぬりつぶして　できる　え）ハート《はあと》

ことば②

～「は」「へ」「を」を　ただしく　つかおう～

Webおかわりもんだい こくご⑤をみてね

べんきょう日　　月　　日

てんすう　　てん

こたえ▼べっさつ21ページ

1 ただしい　ほうに　○を　つけましょう。

1つ10てん　40てん

① どうぶつえん　｛え　へ｝　いく。

② てがみ　｛を　お｝　かく。

③ この　はな　｛は　わ｝　あかい。

④ あしたは　｛へ　え｝　んそくだ。

2 ―せんの　ついた　じは　まちがいです。□に　ただしく　かきましょう。

1つ20てん　60てん

① おとうとわ　□　さんさいだ。

② えんぴつお　□　もつ。

③ がっこうえ　□　いく。

なるほど！

「わたしは」「がっこうへ」「てがみを」のように、「は」「へ」「を」は、ことばの　したに　つくよ。

ひらがなで　あそぼう①

～つなげて　あそぼう～

べんきょう日　　月　　日

てんすう　　てん

こたえ▶べっさつ21ページ

1 ごじゅうおんの　じゅんに　せんで　つなぐと、なんの　えが　できますか。

1つ25てん　50てん

①

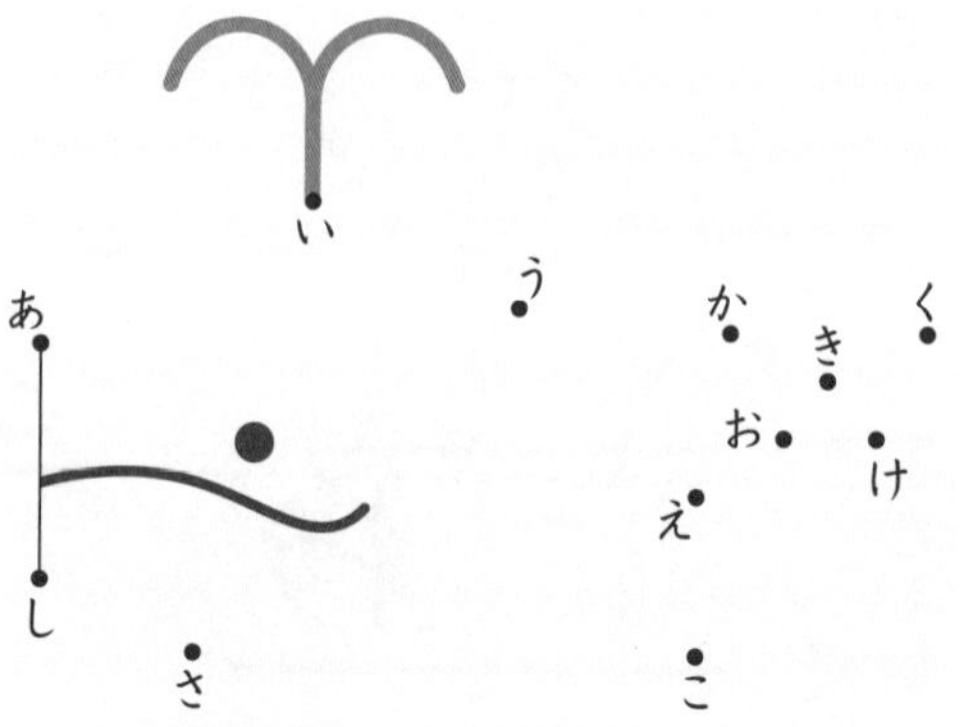

こたえ

あいうえお…の
じゅんばんに
つないで　いってね。

②

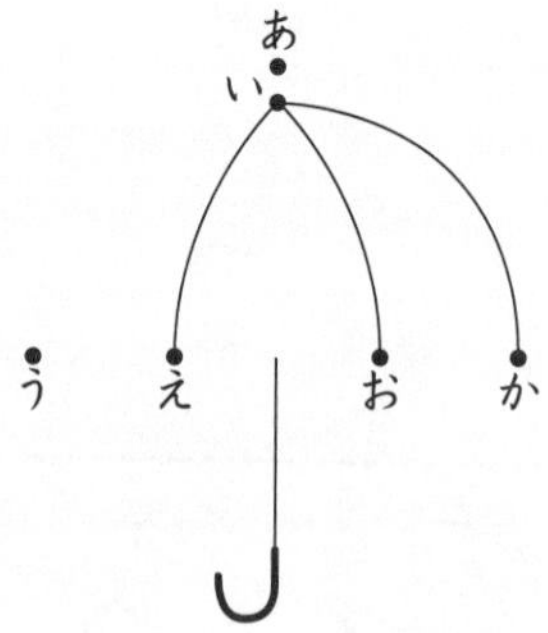

こたえ

いと　うは、
いと　かのように
つなぐと　いいよ。

2 えに　あう　ことばを　□に　かいて、しりとりを　しましょう。

1つ10てん　50てん

はじめ　しりとり　←　①　り　←　②　←　③　←　④　←　⑤

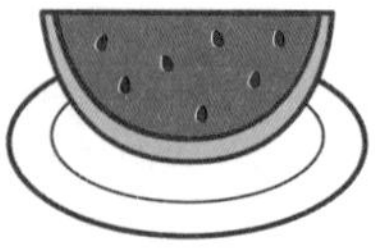

なるほど！

しりとりで、さいごが　のばす　おんに　なったら、
つぎは　「あいうえお」の　どれかで　はじめるよ。

おはなし②
～どこに　いるのかな～

べんきょう日　　月　　日

てんすう　　てん

こたえ▶べっさつ21ページ

1 つぎの　ぶんを　よんで　あとの　もんだいに　こたえましょう。 25てん

> わたしは、ともだちの　いえに　きて　います。

● 「わたし」は、どこに　きて　いますか。

ともだちの　[　　　　]　に　きて　いる。

2 つぎの　ぶんを　よんで　あとの　もんだいに　こたえましょう。 25てん

> とおるは、へやで　しゅくだいを　して　います。

● とおるは、どこで　しゅくだいを　して　いますか。

[　　　　]　で　しゅくだいを　して　いる。

3 つぎの　ぶんしょうを　よんで　あとの　もんだいに　こたえましょう。 1つ25てん 50てん

> にちようびは、みんなで　どうぶつえんに　いきました。ぞうや　らいおんを　みました。どうぶつえんに　いった　あと、こうえんで　おべんとうを　たべました。からあげが　おいしかったです。

① にちようびは、はじめに、どこに　いきましたか。

[　　　　]　に　いった。

② そのあと、どこで　おべんとうを　たべましたか。

[　　　　]　で　おべんとうを　たべた。

なるほど！

おはなしを　よむ　ときは、まず、だれが　でて　くるのかを　きちんと　とらえよう。

おはなし①

～だれが　でて　きたかな～

べんきょう日　　月　　日

てんすう　　てん

こたえ▼べっさつ22ページ

1　つぎの　ぶんを　よんで　あとの　もんだいに　こたえましょう。（1つ10てん／20てん）

もりの　なかには、くまと　うさぎが　すんで　いました。

● この　ぶんには、だれと　だれが　でて　きますか。

［　　］と［　　］。

2　つぎの　ぶんを　よんで　あとの　もんだいに　こたえましょう。（1つ10てん／20てん）

たけしは、いえで、おとうとと　るすばんを　しました。

● この　ぶんには、だれと　だれが　でて　きますか。

［　　］と［　　］。

3　つぎの　ぶんしょうを　よんで　あとの　もんだいに　こたえましょう。（1つ20てん／60てん）

こうえんの　ぶらんこで、ゆみさんと　ひろしさんが、あそんで　いました。そこへ、おなじ　がっこうに　かよって　いる　ゆりえさんが　やって　きました。

① こうえんでは、だれと　だれが　あそんで　いましたか。

［　　］さんと、［　　］さん。

② そこへ、だれが　やって　きましたか。

［　　］さん

なるほど！

「おはよう」は、「おはやく　つきましたね。」「おはやく　いらっしゃいましたね。」の　「おはやく」と　いう　ことばから　できたよ。

8 ことば①

～あいさつの　ことば～

べんきょう日　　月　　日

てんすう　　てん

こたえ▶べっさつ22ページ

1 えに　あう　あいさつの　ことばを　――せんで　つなぎましょう。

1つ10てん　60てん

① 

② 

③ 

④ 

⑤ 

⑥ 

・ごちそうさまでした。

・いってきます。

・おやすみなさい。

・ごめんなさい。

・さようなら。

・ありがとう。

2 つぎの　とき、どんな　あいさつを　しますか。□に　かきましょう。

1つ10てん　40てん

① がっこうで　せんせいに　あって。

おは□□□□□□□。

② きゅうしょくを　たべる　まえに。

い□□□□□。

③ いえに　かえって、おうちの　ひとに。

た□□□。

④ いえに　かえって　きた　おうちの　ひとに。

おか□□□□□。

なるほど！

「さようなら」は、「そうで　あるならば」と　いう　いみの、「さようならば」と　いう　むかしの　ことばから　できたよ。

おかわりもんだい　べっさつ22ページ

7 のばす　おん

～のばす　おんを　かいて　みよう～

Webおかわりもんだい
こくご④をみてね

べんきょう日　　月　　日

てんすう　　てん

こたえ▼べっさつ22ページ

1 こえに　だして　よんでから、□の　なかの　ひらがなを　なぞりましょう。（1つ10てん／50てん）

① おとうさん

② おかあさん

③ いもうと

④ おねえさん

⑤ おにいさん

2 つぎの　えの　なかに、じを　まちがえて　かいた　ことばが　ふたつ　あります。□に　ただしく　かきなおしましょう。（1つ25てん／50てん）

なるほど！　もんだい1のように、ことばの　なかに　「あいうえお」が　ある　ときは、のばして　はつおんする　ことが　あるよ。

おかわりもんだい　べっさつ22ページ

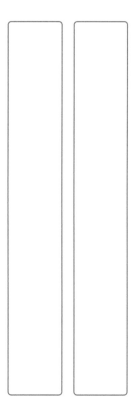

ちいさく かく じ②

~ちいさい 「ゃ」「ゅ」「ょ」を かいて みよう~

Webおかわりもんだい こくご③をみてね

べんきょう日　月　日

てんすう　てん

こたえ▼べっさつ23ページ

1

ちいさく かく じに きを つけて、□の なかの ひらがなを なぞりましょう。

1つ10てん 50てん

① おちゃ

② でんしゃ

③ きゅうり

④ しょうゆ

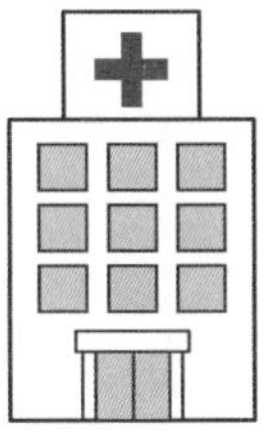
⑤ びょういん

2

①~⑤の えに あう ことばを □に かきましょう。

1つ10てん 50てん

① いしゃ

② ちょう

③ あくしゅ

④ きんぎょ

⑤ じゅうえん

①
②
③
④
⑤

なるほど!
ちいさい 「ゃ」「ゅ」「ょ」も、ちいさい 「っ」と おなじように □の みぎうえに かくよ。

おかわりもんだい べっさつ23ページ

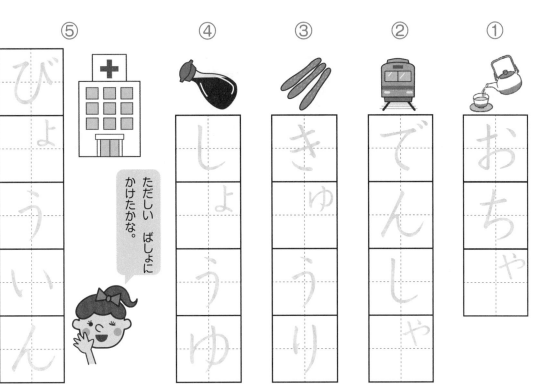

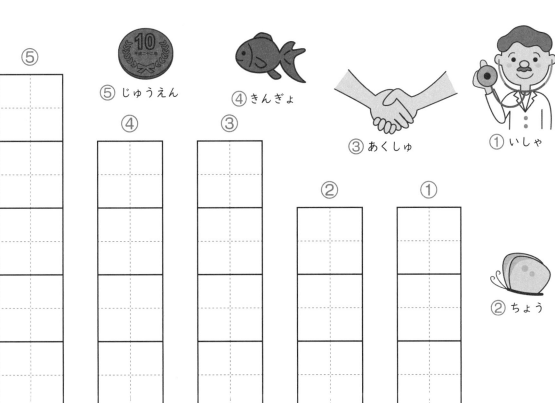

こくご

5 ちいさく かく じ①

~ちいさい 「っ」を かいて みよう~

Webおかわりもんだい こくご③をみてね

べんきょう日　月　日

てんすう

てん

こたえ▼べっさつ23ページ

1 ちいさく かく 「っ」に きを つけて、□の なかの ひらがなを なぞりましょう。

1つ10てん 60てん

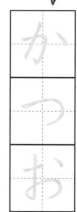

①

か つ お

②

か っ ぱ

③

き つ ね

④
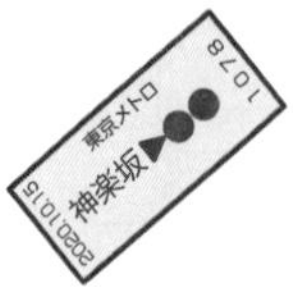
き っ ぷ

⑤

は っ ぱ

⑥

ら っ ぱ

2 えを みて、ただしい ほうに ○を つけましょう。

1つ10てん 20てん

① □ せっけん　□ せつけん

② □ かけつこ　□ かけっこ

3 ①・②の えに あう ことばを □に かきましょう。

1つ10てん 20てん

① きって

② はらっぱ

①

②

なるほど! ちいさい 「っ」は、□の みぎうえに かくよ。

おかわりもんだい べっさつ23ページ

4 ひらがな④

～「゛」「゜」が つく ことばを かいて みよう～

Webおかわりもんだい こくご②をみてね

べんきょう日　月　日

てんすう　てん

こたえ▶べっさつ23ページ

1 「゛」や「゜」に きを つけて、ひらがなを なぞりましょう。 ぜんぶで 30てん

が ぎ ぐ げ ご
ざ じ ず ぜ ぞ
だ ぢ づ で ど
ば び ぶ べ ぼ
ぱ ぴ ぷ ぺ ぽ

2 えに あわせて、□の なかの ひらがなに「゛」や「゜」を つけましょう。 1つ10てん 30てん

①

なへ

②

とんほ

③

はんた

3 ①～④の どうぶつの なまえを □に かきましょう。 1つ10てん 40てん

① □□
② □□
③ □□□
④ □□□

なるほど！ じぶんでも、「゛」や「゜」が つく もじを つかう いきものの なまえを かんがえて みよう。

おかわりもんだい べっさつ23ページ

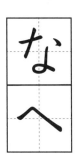

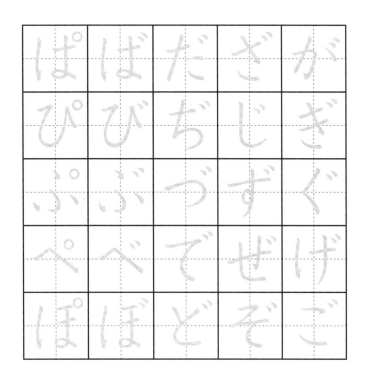

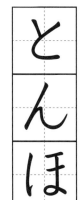

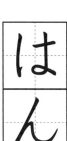

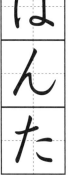

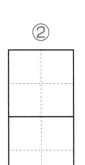

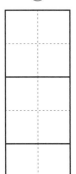

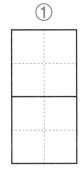

ひらがな③

~ひらがなで　ことばを　かいて　みよう~

Webおかわりもんだい
こくご①をみてね

べんきょう日　　月　　日

てんすう

てん

こたえ▼べっさつ24ページ

1

えを　みながら、□の　なかの　ひらがなを　なぞりましょう。

1つ10てん　60てん

① め

② ねこ

③ ひよこ

④ にわとり

⑤ ひまわり

⑥ さつまいも
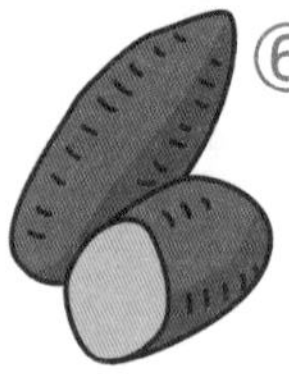

2

ひらがなカード《かあど》を　つなげて、えに　あう　ことばを　□に　かきましょう。

1つ10てん　40てん

い　し　か　つ　さ　ね　た　は　り　こ　む　ろ　う

①

②

③

④

なるほど！
わたしたちは、たくさんの　ことばに　かこまれて　いるよ。
みのまわりの　ことばを　さがして　みよう。

おかわりもんだい　べっさつ24ページ

ひらがな②

～ひらがなを　ただしく　かこう～

Webおかわりもんだい
こくご①をみてね

べんきょう日　月　日

てんすう　てん

こたえ▼べっさつ24ページ

1 ひらがなを　なぞりましょう。ひだりの□には、じぶんで　かきましょう。

ぜんぶで 80てん

はひふへほ

まみむめも

やゆよ

2 えを　みながら、□の　なかの　ひらがなを　なぞりましょう。

1つ10てん 20てん

らりるれろ

わをん

①

よる

②

れもん

なるほど！　ひらがなを　くみあわせて、じぶんでも　ことばを　つくって　みよう。

おかわりもんだい　べっさつ24ページ

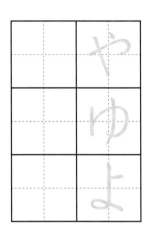

ひらがな①

～ひらがなを　ただしく　かこう～

Webおかわりもんだい
こくご①をみてね

べんきょう日　　月　　日

てんすう　　てん

こたえ▶べっさつ24ページ

1 ひらがなを　なぞりましょう。ひだりの□には、じぶんで　かきましょう。

ぜんぶで80てん

あいうえお

かきくけこ

さしすせそ

たちつてと

なにぬねの

2 えを　みながら、□の　なかの　ひらがなを　なぞりましょう。

1つ10てん　20てん

①

いぬ

②

おかし

なるほど！　ひらがなを　かく　ときは、しせいを　ただしく　するよ。

おかわりもんだい　べっさつ24ページ

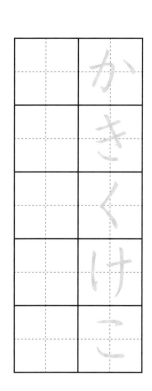

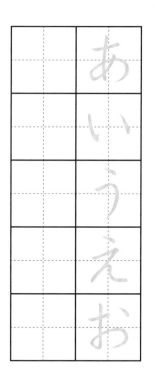

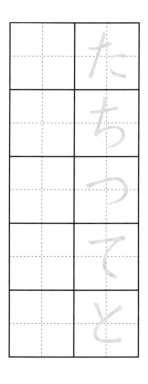

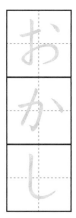

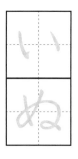

さんすう

答えと解き方 ＋ おかわりもんだい

1　10までの　かず ①

➡本冊1ページ

1 ① ●●●○○　② ●●●●●
③ ●○○○○　④ ●●●●○
⑤ ●●○○○

2 ① 2　② 5　③ 3　④ 4　⑤ 1

解き方

1 絵を１つずつ指でおさえながら，声に出して 1, 2, 3, ……と数えさせることで，1 から 5 までの数の順番を覚えさせましょう。○は，左から順にぬるようにさせましょう。

2 物の個数を具体的な数で表せるようにしましょう。数字の書き順も正しく覚えさせましょう。

おかわりもんだい

えを　みて　こたえましょう。
① えの　かずだけ　○に　いろを　ぬりましょう。

○○○○○

② かずを　すうじで　かきましょう。

［答え］① ●●●○○　② 3

2　10までの　かず ②

➡本冊2ページ

1 ① ●●●●● ●●●○○　② ●●●●● ●○○○○
③ ●●●●● ●●●●●　④ ●●●●● ●●○○○

2 ① 7　② 9　③ 6　④ 0　⑤ 10　⑥ 8

解き方

絵に印をつけながら数えることで，数え落としや２度数える間違いがなくなることに気づかせましょう。

1 10 までの数の数え方をしっかりと身につけさせましょう。おはじきなどを使って，１つずつ置きながら，１個，２個，……と数える練習をさせてもよいでしょう。

2 5 までの数も含めて，数字の書き順も覚えさせましょう。また，何もない数字を 0 で表すことを理解させましょう。

おかわりもんだい

えを　みて　こたえましょう。
① えの　かずだけ　○に　いろを　ぬりましょう。

○○○○○
○○○○○

② かずを　すうじで　かきましょう。

［答え］① ●●●●● ●●○○○　② 7

3　10までの　かず ③

➡本冊3ページ

1 ① 金魚に○　② 上に○　③ 下に○

2

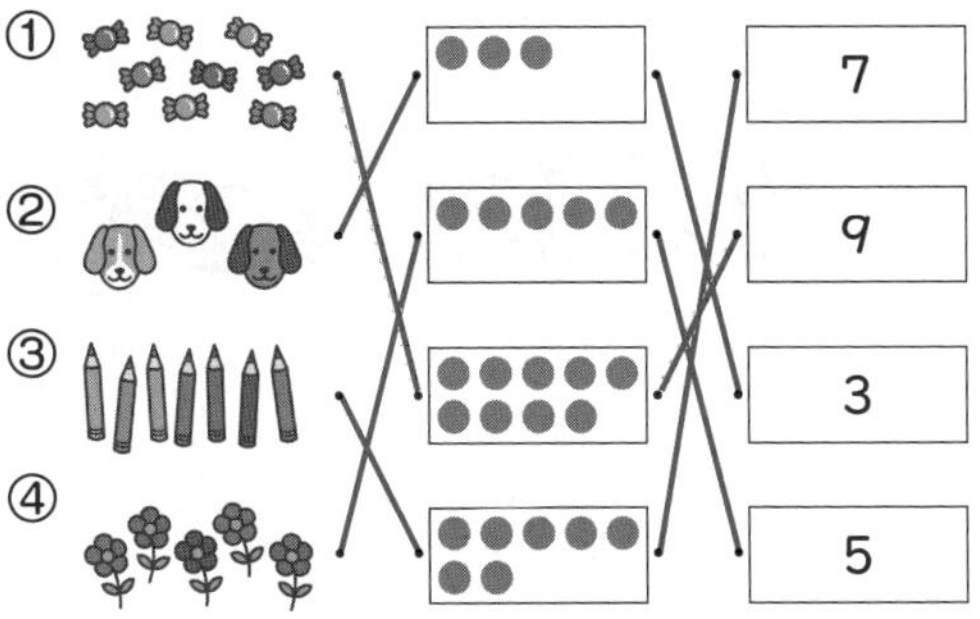

解き方

1 ① ねこと金魚を１匹ずつ線で結んで，余ったほうが多いことに気づかせましょう。

②・③ ●の数を数えて数字で書かせましょう。

2 １から10までの数の読み方，書き方をしっかり覚えさせましょう。数を比べるには，絵や●の数を数字で表すことで，個数が同じかどうかがわかるということに気づかせます。また，数字を見て，数の多い，少ないがわかるようにもさせましょう。

大切 例えば，下の図のように並んでいるとき，数は同じなのにアメのほうが多いと答える間違いが多いです。

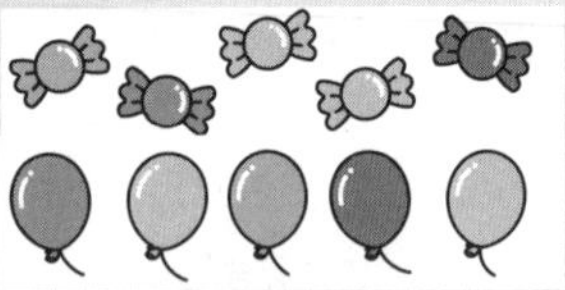

見た目だけで判断させずに，線で結んだり，数を数えて数字で書いたりして考えるようにさせましょう。

おかわりもんだい

おおい　ほうに　○を　つけましょう。

①

（　）　　7（　）

② ●●●●●
●●●（　）　　9（　）

［答え］ ①7に○　②9に○

4 10までの　かず ④

➡ 本冊4ページ

1 左から順に

①4，6　②8，9　③2，5
④0，3　⑤9，7　⑥3，2
⑦6，4

解き方

10までの数の列について，小さい順でも大きい順でも，また途中からでも言うことができるようにさせましょう。

①〜④は右に行くほど１つずつ数が大きくなり，⑤〜⑦は右に行くほど１つずつ数が小さくなることに気づかせましょう。

④１より１つ小さい数は０であることを思い出させましょう。

おかわりもんだい

□に　あう　かずを　かきましょう。

① □－6－□－8

② □－9－8－□

［答え］ 左から順に　①5，7　②10，7

5 なんばんめ ①

➡ 本冊5ページ

1 ①

②

③

④

2 ①4　②2　③にわとり（とり）

解き方

1「何番目」は位置を表すので，１つだけを囲み，「何匹」や「何人」などは，集合の数を表すので，複数個を囲みます。かけっこなどの例を挙げて，「３番目に速かった人」や，「速いほうから３人」の違いを理解させるとよいでしょう。

2 ②は，うさぎは数に入れないことを理解させましょう。

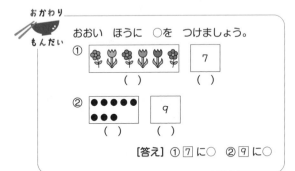

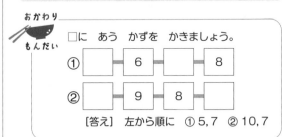

おかわり もんだい

まえから　2ひきを　⬭で　かこみましょう。また，うしろから　5ひきめを　□で　かこみましょう。

まえ  うしろ

[答え] 

6 なんばんめ ②

➡本冊6ページ

1 ① めろん　② 3　③右図

2 ① 3　② 4　③ 3　④ 下図

解き方

1・**2** 前後のほかに，上下，左右などの言葉を使うと，物の位置や集合を正確に表せることを理解させましょう。

大切 順番と集合の違いを理解させましょう。また，○番目を数えるときに，最初の 1 を数に入れなかったり，○番目の次を答えたりする，といったミスに注意しましょう。

おかわり もんだい

チューリップ《ちゅうりっぷ》が　さいて　います。

ひだり  みぎ

① いろを　つけた　チューリップ《ちゅうりっぷ》は，ひだりから　なんばんめですか。

② いろを　つけた　チューリップ《ちゅうりっぷ》の　みぎには，なんぼんの　チューリップ《ちゅうりっぷ》が　ありますか。

[答え]　① 5 ばんめ　② 5 ほん

7 いくつと　いくつ ①

➡本冊7ページ

1 ① 4　② 2　③ 4　④ 1
⑤ 3　⑥ 5　⑦ 1

2 ① 3　② 3　③ 2　④ 6

解き方

5 ～ 7 の数の構成を覚えさせましょう。慣れるまでは，両方の指を使ったり，おはじきなどを使ったりさせるとよいでしょう。なかなか理解できない場合は，「3 はいくつといくつ」，「4 はいくつといくつ」など，小さい数から練習させてみましょう。

おかわり もんだい

□に　かずを　かきましょう。

① 5 は　●●●●○　　4 と□

② 6 は　●○○○○○　　1 と□

③ 7 は　●●●○○○○　　3 と□

[答え]　① 1　② 5　③ 4

8 いくつと　いくつ ②

➡本冊8ページ

1 ① 6　② 3　③ 4　④ 3
⑤ 5　⑥ 7　⑦ 0

2 ① 5　② 7　③ 4　④ 6

解き方

8 と 9 の数の構成を考えさせましょう。

おかわり もんだい

① 8 は　●●●●●●○○　　6 と□

② 9 は　●○○○○○○○○　1 と□

[答え]　① 2　② 8

9 いくつと いくつ ③

➡ 本冊9ページ

1 ①7 ②4 ③9 ④5 ⑤8

2 ①6 ②1 ③3 ④4 ⑤2 ⑥5

解き方

7～10は，これから学習するたし算やひき算の基礎になるところです。間違いがなくなるまで練習させましょう。特に10の構成は，たし算やひき算の計算で重要です。しっかりと身につけさせましょう。

おかわりもんだい

10は いくつと いくつですか。□に かずを かきましょう。

① □と6　② □と2

[答え] ①4 ②8

10 いくつと いくつ ④

➡ 本冊10ページ

1 ①5こ ②8こ ③3こ ④4こ ⑤7こ ⑥1こ ⑦9こ ⑧2こ ⑨6こ ⑩0こ

解き方

10の構成は，繰り上がりや繰り下がりのある計算につながります。確実にできるようにしておきましょう。あといくつで10こになるかと問われているので，数字だけで答えるのではなく，「こ」をつけるように指導しましょう。

おかわりもんだい

あと いくつで 10こに なりますか。

①

②

[答え] ①(あと)6こ ②(あと)3こ

11 たしざん ①

➡ 本冊11ページ

1 ①3ぼん ②5にん ③8ひき

2 ①7こ ②10こ

解き方

○本，○人，○ひき，○個のように数え方が違うことを理解させましょう。身の回りの物で，数え方を覚えさせましょう。

1「合わせて」は，「□と□でいくつ」と同じで,2つの数をたすたし算をすることだと理解させましょう。おはじきなどで示すとよいでしょう。

2「全部で」も，「合わせて」と同じたし算になることを理解させましょう。

おかわりもんだい

① あわせて なんぼんですか。

② ぜんぶで なんぼんですか。

[答え] ①7ほん ②8ほん

12 たしざん ②

➡ 本冊12ページ

1 ①4こ ②9だい ③6ぴき

2 ①5まい ②8ほん

解き方

1「増えると」はたし算であることを，おはじきなどで示して理解させましょう。

2「もらう」「買う」など，言葉が異なる場合でも，増える場面であることに気づかせましょう。

おかわりもんだい

ふえると　なんびきに　なりますか。

［答え］ 6ぴき

13 たしざん ③

➡ 本冊14ページ

1 ①［しき］ 4+3=7 ［こたえ］ 7 ひき

②［しき］ 5+3=8 ［こたえ］ 8 ほん

③［しき］ 6+0=6 ［こたえ］ 6 つ

解き方

1 ① たし算の場面を式に表して，答えを求める問題です。4 と 3 を合わせて 7 になることを，たす記号 ＋ と答えを求める記号 ＝ を使って，「4+3=7」と書くことを覚えさせましょう。

大切 ③ 0 個をたしても何も増えないので，いくつに 0 をたしても，元の数のままです。理解しづらい場合は，おはじきなどを使って理解させましょう。

おかわりもんだい

あわせると　なんぼんに　なりますか。
しきを　かいて　こたえましょう。

［式］ 4＋2＝6 ［答え］ 6ぽん

14 たしざん ④

➡ 本冊15ページ

1 ① 3　② 4　③ 5　④ 2
⑤ 4　⑥ 6　⑦ 7　⑧ 8
⑨ 5　⑩ 8　⑪ 9　⑫ 6
⑬ 7　⑭ 9　⑮ 10　⑯ 10
⑰ 6　⑱ 0　⑲ 8　⑳ 10

解き方

答えが 10 以下のたし算の練習です。正確にすらすらと計算できるようになるまで，繰り返し練習させましょう。0＋□＝□，□＋0＝□，0＋0＝0 となることは，**13**のときと同様に，おはじきなどを使って説明してあげるとよいでしょう。

おかわりもんだい

たしざんを　しましょう。
① 2＋8＝　② 4＋5＝
③ 9＋0＝　④ 0＋6＝

［答え］ ① 10　② 9　③ 9　④ 6

15 たしざん ⑤

➡ 本冊16ページ

1［しき］ 4+2=6 ［こたえ］ 6 こ

2［しき］ 3+6=9 ［こたえ］ 9 にん

3［しき］ 2+4=6 ［こたえ］ 6 こ

4［しき］ 5+2=7 ［こたえ］ 7 わ

5［しき］ 7+3=10 ［こたえ］ 10 にん

解き方

答えが 10 までのたし算の文章題です。絵がなくても，合計や増加の場面であることが文章から読みとれるか，また，その場面を式に表して計算することができるかを見てあげましょう。 理解が進まない場合は，**11**，**12**の問題を式に表して，どのような場面がたし算になるか，確認させましょう。

大切 式のたてかたがわからない場合，まず，文章をよく読ませ，数が増える場面か，減る場面かを考えさせます。増える場面とわかったら，＋と＝を使って式に表すことを理解させましょう。
（○個と△個を合わせると□個→○＋△＝□）

おかわりもんだい

おりがみを　６まい　もって　います。
２まい　もらうと，ぜんぶで　なんまいに
なりますか。しきを　かいて　こたえましょう。
［式］ ６＋２＝８ ［答え］ ８まい

16 ひきざん ①

➡本冊17ページ

1 ①２ほん　②４にん

2 ①［しき］ 8−5=3　［こたえ］ ３こ
②［しき］ 10−0=10　［こたえ］ 10こ

解き方

1 残りを求める計算はひき算になります。
①５本から３本を取る答えは，7の「いくつといくつ」の考え方を使います。5は３と２なので,５本から３本を取ると，残りは２本になります。おはじきなどを使って，残りの数の求め方を指導しましょう。

2 式を書いて，残りを求める問題です。ひき算の式では，ひく記号－と，答えを求める記号＝を使います。
①「8から５をひくと残りが３になる」ことは，「8−5=3」と表すことを覚えさせましょう。
②１個も使わなかったということは，１つも減らないということなので，ひく数は０になります。答えは，はじめにあった数のままであることを，おはじきなどを使って理解させましょう。

おかわりもんだい

おりがみが　９まい　あります。４まい
つかうと，のこりは　なんまいですか。
しきを　かいて　こたえましょう。
［式］ ９－４＝５ ［答え］ ５まい

17 ひきざん ②

➡本冊18ページ

1 ①３とう　②４こ

2 ①［しき］ 6−4=2　［こたえ］ ２わ
②［しき］ 8−3=5　［こたえ］ ５ほん

解き方

1 ２つに分けた片方の数を求める問題ですが，考え方は，「残りはいくつ」と同じで，ひき算になります。
①は，「7は４といくつ」，②は，「9は５といくつ」をきいています。7，8の考え方を使います。

2 ２つに分けた片方の数を求める場面を式に表して，答えを求める問題です。①は，「6は４といくつ」，②は「8は３といくつ」をきいています。

おかわりもんだい

おかしが　10こ　あります。クッキー《くっきい》は
４こです。あめは　なんこ　ありますか。
しきを　かいて　こたえましょう。

［式］ 10－４＝６ ［答え］ ６こ

18 ひきざん ③

➡本冊19ページ

1 ①4　②2　③2　④5
⑤3　⑥2　⑦3　⑧4
⑨1　⑩2　⑪3　⑫3
⑬7　⑭3　⑮2　⑯8
⑰10　⑱8　⑲1　⑳5

解き方

10までの数からひくひき算の練習です。ひき算を苦手とする子どもは多いので，確実にできるまで，繰り返し練習させましょう。

①は，5は1といくつか，②は，4は2といくつか，……が元になっています。ひき算ができない場合は7～10にもどり，数の構成を身につけさせましょう。

□－0=□，□－□=0となることも，おはじきなどを使って理解させましょう。

おかわりもんだい

ひきざんを　しましょう。

①6－2=　②10－7=

③5－0=　④8－8=

［答え］①4　②3　③5　④0

19 ひきざん ④

➡本冊20ページ

1 ① えんぴつ，2ほん　② あめ，4こ

2 ①［しき］ 10－7=3

［こたえ］ りんごが3こおおい

②［しき］ 5－4=1

［こたえ］ フォークが1ぽんおおい

解き方

1 ① ノートと鉛筆を1つずつ線でつなぐと，鉛筆が2本残ります。残ったほうが残った数だけ多いということを理解させて，**2**のひき算の式につなげましょう。それぞれの数を数字で表して考えることもさせてみましょう。

2 **1**より，大きいほうの数から小さいほうの数をひけばよいことに気づかせます。2種類の物が混ざって並んでいるので，同じ物の絵に印をつけて数えるようにさせましょう。

② ナイフとフォークの数をそれぞれ数えて，大きいほうの数から小さいほうの数をひくことを理解させましょう。

おかわりもんだい

あかい　チューリップ《ちゅうりっぷ》と　しろい　チューリップ《ちゅうりっぷ》は　どちらが　なんぼん　おおいですか。しきを　かいて　こたえましょう。

［式］ 6－3=3

［答え］ あかいチューリップが3ぼんおおい

20 ひきざん ⑤

➡本冊21ページ

1 ①2こ　②4とう

2 ①［しき］ 7－4=3　［こたえ］ 3ぼん

②［しき］ 7－5=2　［こたえ］ 2とう

解き方

数の違いは，「いくつ多い」と同じ考え方です。答えは，大きい数から小さい数をひくひき算で求めることを思い出させましょう。

おかわりもんだい

みかんが　4こ，すいかが　6こ　あります。かずの　ちがいは，いくつですか。しきを　かいて　こたえましょう。

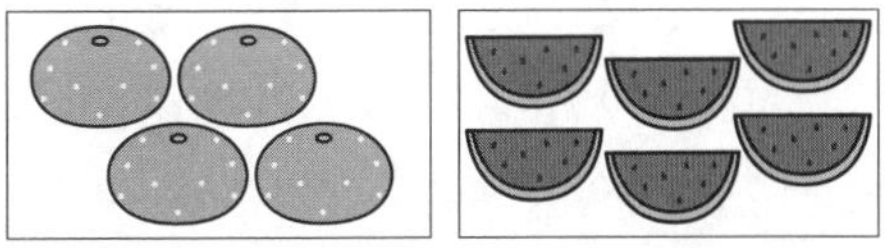

［式］ 6－4=2　［答え］ 2こ

21 ひきざん ⑥

➡本冊22ページ

1［しき］ 10－3＝7　［こたえ］ 7ほん

2［しき］ 8－3＝5　［こたえ］ 5だい

3［しき］ 10－4＝6

［こたえ］ なしが6こおおい

4［しき］ 5－3＝2　［こたえ］ 2ほん

5［しき］ 7－4＝3　［こたえ］ 3こ

解き方

ひき算の文章題のまとめです。同じひき算でも，それぞれ，異なる場面の問題です。どのような場面かが理解できているか，確認してあげましょう。

おかわりもんだい

えんぴつ　10ぽんを　わたしと　いもうとで　わけます。わたしは　6ぽん　もらいました。
つぎの　もんだいに　しきを　かいて
こたえましょう。
①いもうとは　なんぼん　もらいましたか。
②わたしと　いもうとでは，どちらが
なんぼん　おおいですか。

① [式]　10－6＝4　[答え]　4ほん
② [式]　6－4＝2
[答え]　わたしが2ほんおおい

22 ながさくらべ

➡本冊23ページ

1 ①ⓘ　②ⓐ　③ⓐ

2 ⓤ

解き方

1 ① 左端がそろえてあるので，右にはみ出しているほうが長いことを理解させましょう。
② ⓐのリボンをまっすぐに伸ばした長さと比べさせましょう。
このように，まっすぐでないものはまっすぐの状態で比べることを指導しましょう。
③ ⓐのテープに付けた印までの長さとⓘの長さを比べることに気づかせましょう。直接比べられないものは，テープなどを使って比べられることを理解させましょう。

2 方眼の1マスを単位として，マスの数がいくつ分かで比べればよいことに気づかせましょう。
それぞれの長さはⓐ7マス分，ⓘ6マス分，ⓤ8マス分です。

おかわりもんだい

したの　カレンダー《かれんだあ》の　よこと　たては　どちらが　ながいでしょうか。

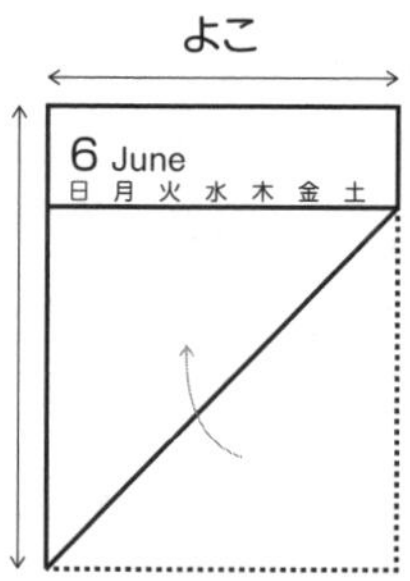

[答え]　たて

23 1がっきの　まとめ

➡本冊24ページ

1 ①9　②1　③7　④1　⑤8
⑥5　⑦7　⑧2　⑨10　⑩9

2 左から順に，①6，8　②8，4

3
①　②

解き方

1 繰り上がりや繰り下がりのない，10までの数のたし算とひき算です。これからの学習の基礎になるので，正確に，速く計算できるようになるとよいでしょう。

2 数の順序を理解しているかを見る問題です。小さい順や大きい順に，いくつからでも答えられるようにさせましょう。

3 順番の数と集合の数の違いを理解しているかを見る問題です。
いずれも，基本的な事柄が定着しているかを確認し，つまずいたところは再度学習させましょう。

24 2がっきの　さきどり

➡ 本冊25ページ

1 ① 14　② 16

2 ① 15　② 17　③ 3　④ 8

3 左から順に,

① 10, 13, 14

② 20, 18, 16

解き方

1, **2** 20までの数の構成を, 10とあといくつとして数えさせましょう。
14を104と書かないように気をつけてあげましょう。

3 20までの数の並びをすらすら言えるようになるまで練習させましょう。

さんすう

小学1年生 大盛り！ 夏休みドリル 三訂版　べっさつ

せいかつ 答えと解き方

1 あいさつ

➡ 本冊26ページ

1

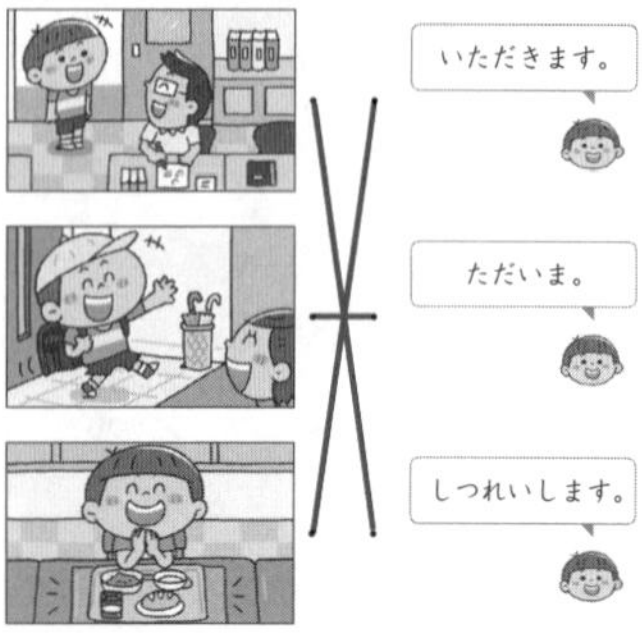

2 ① おはよう。　② こんにちは。

解き方

1 ふだんから，家族であいさつを交わすようにしておくことが大切です。

2 知っている人に会ったとき，きちんとあいさつさせることで，朝・昼・晩であいさつが違うことを理解させましょう。

2 がっこう　たんけん

➡ 本冊27ページ

1

解き方

それぞれの部屋にどんな人がいたか，どんなものが置かれていたのかなど詳しく聞いたり，校庭でどのようなことをしたのか尋ねたりして，その場所が何をするところか思い出させるようにしましょう。

3 はなしかたと　ききかた

➡ 本冊28ページ

1 ①「だいじょうぶ？」に○

②「よかったね。」に○

2 ②→③→①→④

解き方

1「自分だったらどう思う？」などと問いかけることで，相手の気持ちになることができるようにしましょう。

2 友達どうしや家族の間のあいさつができるようになったら，少しあらたまった場面でのあいさつのしかたを練習させましょう。この場合，入室時のあいさつ→自己紹介→訪問の目的の説明→感謝のことば→退室時のあいさつの順になります。

4 こうつうあんぜん

➡本冊29ページ

1 ②，③，⑤，⑦，⑧に×

解き方

② 傘をさして自転車に乗ると，視界が狭くなったり，ハンドル操作が難しくなってスリップして転倒してしまったりする恐れがあります。また，これは道路交通法に違反する行為です。

③ ボールを追って道路に飛び出すと交通事故に遭いやすく，非常に危険な行為であることを理解させましょう。

⑤ 信号が鳴り始めたら，踏切を絶対に渡らないよう指導しましょう。

⑦ 横断禁止の道路標識にはいくつかの種類があるので，近くにある道路標識を一緒に確認しておきましょう。

⑧ 道幅いっぱいに広がって歩くのは，まわりの人の邪魔になるので，マナー違反になることを指導しましょう。

道路標識には漢字で書かれているものもあるので，子どもに必要と思われる道路標識の意味を教えておきましょう。

また，交通違反になる行為や危険な行為がなぜ危ないかを含めて繰り返し説明して，絶対にそのような行為を行わないようにさせましょう。

5 たねを　まこう

➡本冊30ページ

1 ④→②→①→③

2

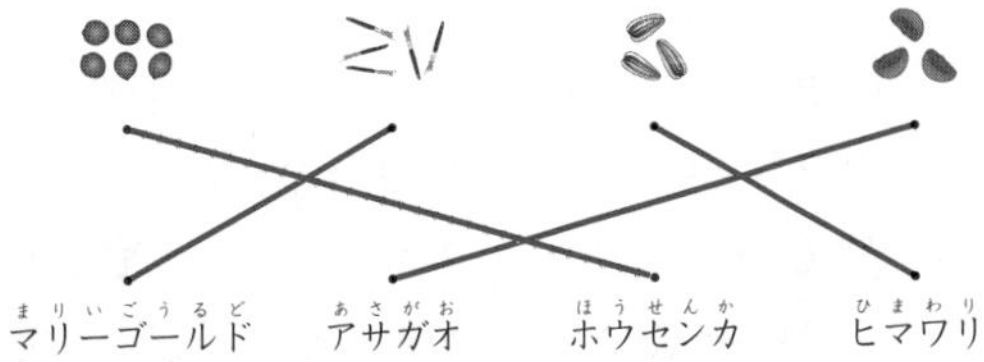

解き方

1 それぞれの絵が何をしているものかを考えさせましょう。学校で種子をまいたとき，どのような手順で作業したかを思い出させることが大切です。

2 一緒に教科書や図鑑，インターネットを使って，いろいろな植物の種子の形や色を調べてみましょう。

6 くさばなの　せわ

➡本冊31ページ

1

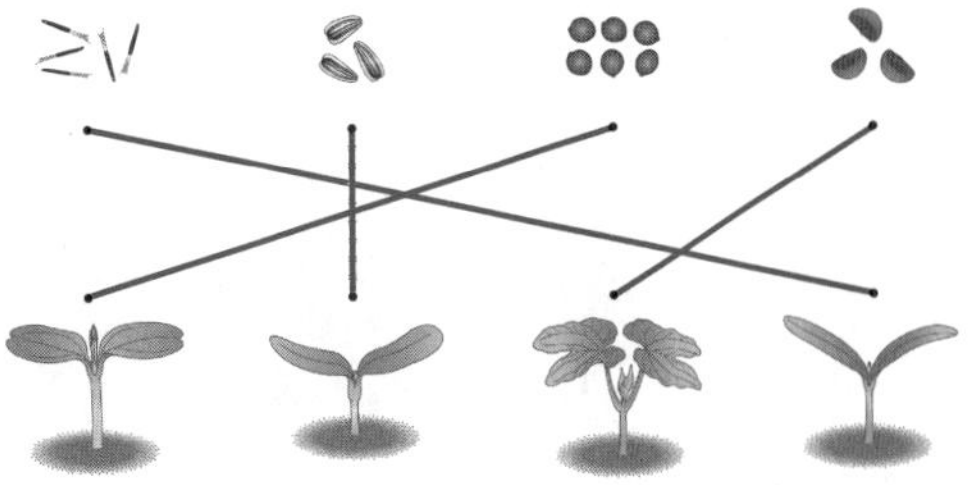

2 ①（例）つたえたい　②いろえんぴつ

③（例）きもち

解き方

1 葉の形に注目して，どの植物の芽生えか考えさせましょう。
上の種子の図は，左から，マリーゴールド，ヒマワリ，ホウセンカ，アサガオです。下の芽生えの図は，左から，ホウセンカ，ヒマワリ，アサガオ，マリーゴールドです。

2 ①「しらべた」「みつけた」などでも可。
③「かんそう」「かんがえ」などでも可。

7 はなが　さいたよ

➡本冊32ページ

1

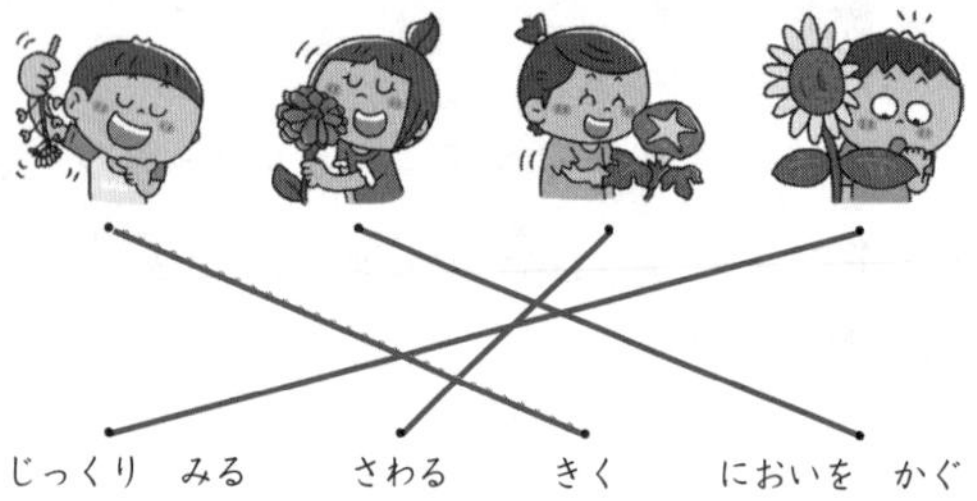

2

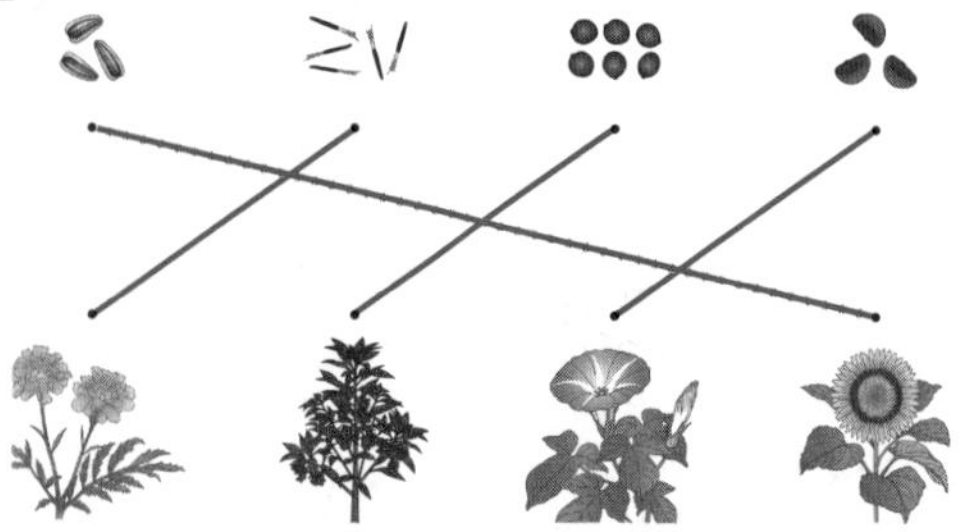

解き方

1 それぞれの図が何をしているところか考えさせましょう。五感を使って観察を行います。

2 学校でつくったカードを，種子→芽生え→花がさいたようすの順に並べて，そのつながりを理解させましょう。

8 なつの　こうてい

➡本冊33ページ

1「スズメバチ」，「チャドクガ」，「セアカゴケグモ」に○

2 ①，③に○

解き方

1 地域によって危険な生物が異なるので，家のまわりの危険な生物を教えておきましょう。

2 熱中症にならないために必要なことを教えましょう。雷は高い木に落ちやすいので，雷が鳴ったら，建物や自動車の中に避難するように指導しましょう。

9 なつの　いきもの

➡本冊34ページ

1「ヘチマ」，「ツユクサ」，「トウモロコシ」に○

2

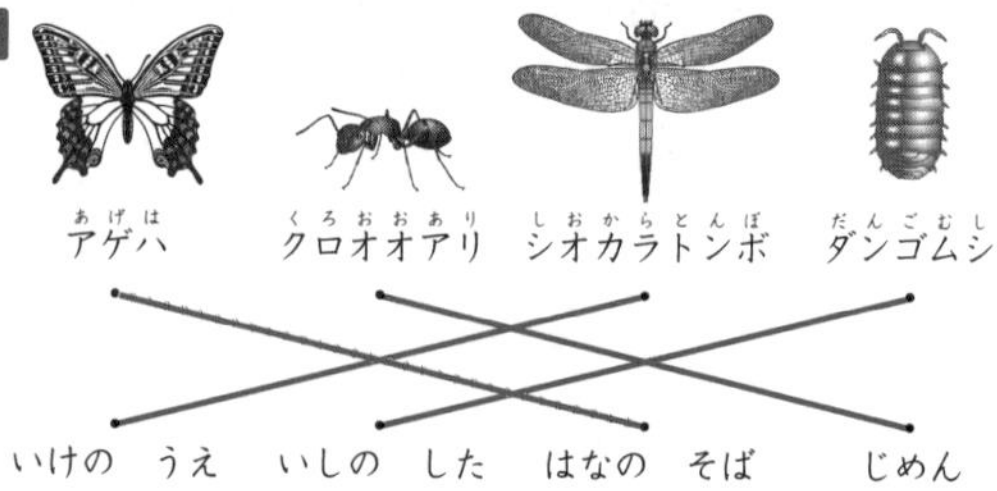

解き方

1 図鑑やインターネットを使って，それぞれの季節に見られる花を一緒に調べましょう。

2 近所の公園や旅行先で，実際に昆虫などを一緒に探してみましょう。図鑑やインターネットを使って，見つけた昆虫などの名前を調べましょう。

10 なつの　あそび

➡本冊35ページ

1 ①「つよく」に○　②「たくさん」に○
③「ちいさく」に○

2 ①おおきな　②たくさんの

解き方

1 小さな穴をあけ，強く押すほど，水が勢いよく飛び出します。わからない場合は，実際にマヨネーズの容器などを使って，実験してみるとよいでしょう。

2 ストローがあれば簡単に実験できるので，いろいろ試してみましょう。

えいご 答えと解き方

1 アルファベット① おおもじ

➡本冊36ページ

1 省略

解き方

- アルファベットを１つずつ指で差しながら，声に出して読む練習をさせましょう。そうすることで，アルファベットの形と読み方を徐々に覚えていくことができます。
- 音声を活用し，正しい発音をまねさせることで，少しずつ英語に慣れさせましょう。

2 アルファベット② こもじ

➡本冊37ページ

1 省略

解き方

- 大文字と同様に，指で確認しながら読む練習をさせましょう。
- 矢印をなぞるワークで，アルファベットに順番があることを意識させましょう。
- アルファベットを書くことに興味を示したら，自分の名前など，身近なものをローマ字で書く練習から始めさせるとよいでしょう。

3 たんご① たべもの

➡本冊38ページ

1

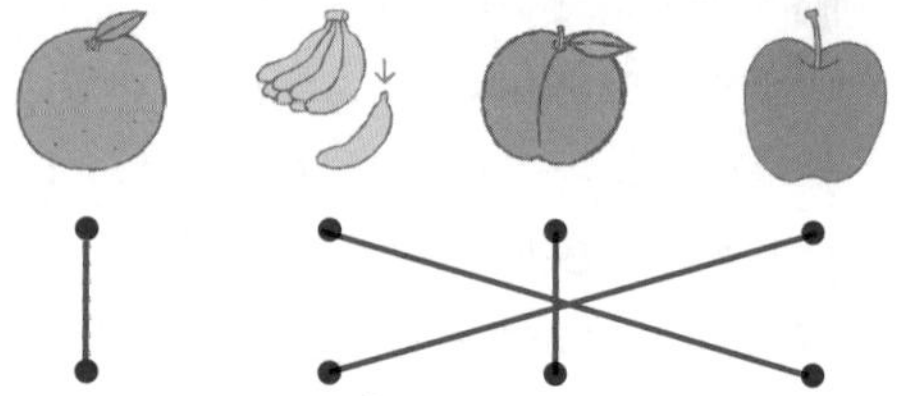

orange《オレンジ》 apple《リンゴ》 peach《モモ》 banana《バナナ》

2 ① breaⓓ

② ⓕruit

③ ⓙuice

解き方

1 まずはイラストと日本語を手がかりに問題に取り組ませましょう。次に，音声を聞きながら英語の部分を指で差して，あとについて読む練習をさせましょう。

2 ①bとdの形の違いを意識させましょう。
②fとtの形の違いを意識させましょう。
③jとiの形の違いを意識させましょう。

4 たんご② かぞく・ひと

➡本冊39ページ

1 ① f(a)th(e)r

② m(o)th(e)r

③ br(o)th(e)r

④ s(i)st(e)r

⑤ f(a)m(i)ly

⑥ b(a)by

⑦ ch(i)ld

2 ① boy

② girl

③ teacher

解き方

1 設問文で示されたアルファベットと同じものを，すばやく正確に見つける練習をして，アルファベットの形を覚えさせましょう。遊び感覚で楽しんで取り組ませましょう。

2 書き順にしたがって，アルファベットを書く練習をさせましょう。４線を目安に，

・どの位置から書き始めるか

・どの線と線の間に文字をおさめるか

といった点を意識させましょう。

えいご

22 おはなし⑤

➡本冊42ページ

1
① でていって・すくなくなった
② なかよし・つないで
③ あきよ

解き方

1 ① 最初の文「ともやの　がっこうの　一年生は、六人しかいない」のあとに、「むかしは　おおぜいいたのに　みんな　まちへ　でていって、子どもが　どんどん　すくなくなった」と書かれています。この部分が、一年生が六人しかいない理由です。ここから空欄にあてはまる言葉を探させます。

② 「うけもちの　とも子先生は、そんなことを　いった」とあるので、その前にある、かぎ（「」）でくくられている言葉がとも子先生の言葉であることを理解させ、空欄にあてはまる言葉を探させましょう。

③ とも子先生の言葉を聞いたときのともやの様子から探させます。「ともやは、ほいくえんのときから、あきよが　すきだけれど」とあることに気づかせましょう。

23 1がっきの　まとめ

➡本冊41ページ

1
① は
② たね
③ わたげ
④ かぜ
⑤ とおく

解き方

1 ① 仮名遣いを正しく書く問題です。「は」「へ」「を」を正しく書けるようにしておきましょう。

② この文章では、タンポポの種がどのようにして仲間を増やしているかが書かれています。

③ 「たねには　わたげが　ついています」とあることに着目させます。

④ 理由や目的を述べることを表す「……ため」という言葉に着目させましょう。「タンポポが　たかく　のびるのは　わたげが　かぜを　つかまえやすくするためです」とあります。

⑤ 「かぜに　のって　とおくまで　とんだ　たねは　やがて　めを　だして　あたらしい　タンポポになります」とあることに着目させます。遠くまで飛ぶことで、仲間をいろいろなところで増やすのです。

24 2がっきの　さきどり

➡本冊40ページ

1 ① 山　② 上　③ 下

2 ① 一　② 三　③ 五

3

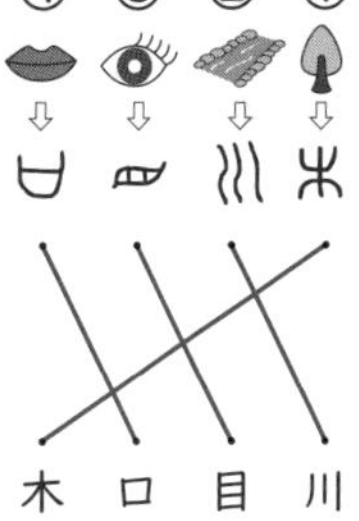

解き方

1・**2** 二学期から、漢字の学習が始まります。まずは、漢字をなぞってみることで、漢字がどういうものかを理解させましょう。書き方に迷ったら、筆順を教えてあげてください。

山→丨凵山
上→丨⺊上
下→一丅下
五→一丆五五

3 漢字の学習は、成り立ちなどを絵で示して、興味をもって取り組めるように進めます。この問題では、漢字は、物の形からできたということを教えてあげてください。

19 おはなし④

↓本冊45ページ

1 できごと

2 おはようございます

3 かたづけてね

解き方

1 登場人物が何を話したのかを捉える問題です。「がっこうで あった できごとを はなしました」とあることに注目させます。

2 会話文はかぎ（「　」）でくくってあることをしっかり覚えさせましょう。この文章ではるとが先生に言ったことは、かぎでくくられた「おはようございます。」です。

3 大切　会話文が「いいました。」のあとに来ていることに注意させましょう。

実際の物語では、かぎでくくられていても、誰が話した言葉なのかが明確に書かれていない場合もあります。長めの物語を読む場合は、それまでの文脈を押さえ、誰が言ったのかをきちんと捉えるくせをつけさせましょう。誰が言ったのかを文脈から把握できるようになると、物語の読解力が高まります。

20 ぶんの　きまり

↓本冊44ページ

1 ① ゆみさんが　およぐ。

② せみ　が　なく。

2 ① ぞうが

② ふねが

3 ① ひまわりが ― さく。

② たいようが ― かがやく。

③ きんぎょが ― およぐ。

④ でんしゃが ― はしる。

解き方

1 「誰が（何が）どうする」は、主語と述語という文の基本形です。主語、述語という言葉は一年生では学習しませんが、「誰がしているのかな。」「何をしているのかな。」といった問いかけで、基本を教えてあげてください。

2 助詞「が」のつく言葉が主語なので、「が」まで書かせるようにしてください。

3 続けて読んでみて、つながりが自然なものを選ばせてください。

おかわりもんだい

「とりが　とぶ。」の　ぶんの　なかで、「だれが（なにが）」に　あたる　ことばを　かきましょう。

［答え］　とりが

21 さくぶん②

↓本冊43ページ

1 ① おんなのこ　が、

（例）はなにみずをやっている。

② さる　が、

（例）きにのぼっている。

2 ① きょう・あさ

② きれい

解き方

1 ① 「　」の中は、「はなにみずをやる。」「はなにみずをやっています。」などでも正解です。

② 「　」の中は、「きにのぼる。」「きにのぼっています。」などでも正解です。

2 ① 「いつ」「どこで」「誰が（何が）」「どうした（何をした）」の四点をきちんと書くことが作文の基本です。問題の作文の場合は、次の通りです。

（いつ）→きょうのあさ
（どこ）→いえ
（何）→あさがお
（どうした）→みっつさいた

② 作文を書くときには、自分の感想や考えを加えることで、よりいきいきとした文章になることを教えてあげてください。

16 ひらがなで　あそぼう ②

↓本冊48ページ

1

① うみ　みかん　かめ

② とけい　とけい → としょかん　やかん　かん

③ すべりだい　あり　かい

2

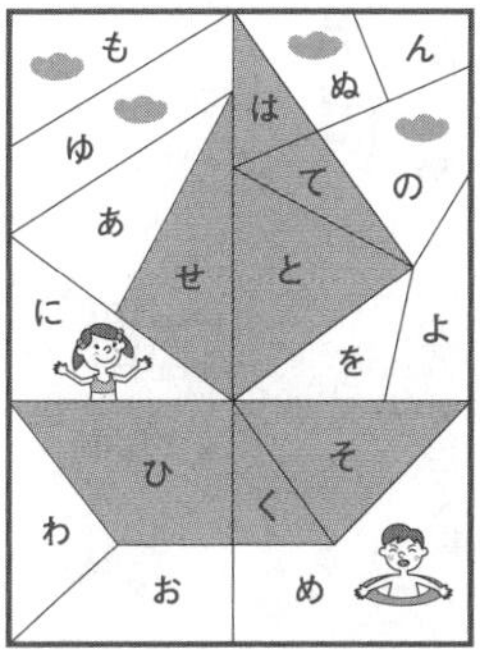

こたえ　よっと（こぶね）

解き方

1　はじめから文字の入っているマス目をヒントに、言葉を埋めていきましょう。何の絵か、お子さんと一緒に考えてあげてください。

2　絵の中で、「゛」や「゜」をつけることができる字は、「は・て・と・せ・そ・く・ひ」の七字です。ぬり絵と見立ての二段階で、言葉遊びを楽しませてあげてください。

17 ことば ③

↓本冊47ページ

1

① これ［は］、［わ］たしの　ほんです。

② ［お］とうとが、うた［を］　うたって　います。

③ あちら［へ］　いくと、［え］きが　あります。

2

① みんなで　うみ~~え~~　いきました。　［へ］

② いちご~~お~~　ふたつ　たべました。　［を］

③ さかな~~わ~~、みずの　なかで　くらします。　［は］

④ ~~を~~もちゃを　かって　もらいました。　［お］

⑤ ともだちが　こちら~~え~~　きました。　［へ］

解き方

1　助詞の「は」「へ」「を」を定着させるための応用問題です。①の「これは」の「は」は、「言葉（単語）の下につくもの」、「わたし」の「わ」は、「言葉（単語）の一部として使われているもの」です。

2　助詞の表記の間違いに、違和感を覚えるようになるのが目標です。

18 おはなし ③

↓本冊46ページ

1　あそんで

2　すいえい

3　① ほうもん　② めいし

解き方　大切

1　登場人物が何をしているのかを捉える問題です。物語では、登場人物の行動や言葉、様子を捉えることが大切です。ここでは、まず、行動を捉えることができるようにします。文中の「ともだちと　あそんで　います」と答えの空欄の前後を見比べて、あてはまる言葉を書かせます。

2　文中に「すいえいの　れんしゅうを　して　います」とあるので、答えの空欄には「すいえい」が入ります。

3　①　最初の文に「はじめての　せいかつかは、こうちょう先生ほうもんだった」とあります。

②　答えとなる部分が最後の文にあるので、少し難しい問題です。注意深く文章を読ませましょう。名刺とはどんなものかを説明したり、見せてあげたりするとよいでしょう。

13 さくぶん ①

↓本冊51ページ

1

① たんぽぽがさく。

② いぬがほえる。

③ じどうしゃがはしる。

2

① くるま［に］のる。

② ほん［を］よむ。

③ こうえん［で］あそぶ。

④ がっこう［へ］いく。

解き方 大切

1 マス目に文を書く練習です。文の最後の句点（。）まできちんと書く習慣をつけさせましょう。

句点（。）は、一年生には書きづらいものですが、文の最後に必ずつけさせるようにしましょう。

2 適切に助詞が使えるかどうかを見る問題です。助詞は、普段からなにげなく使っています。自分の言語生活を振り返らせて、どんなときに、どの助詞を使うのかを意識させましょう。

14 せつめいぶん ①

↓本冊50ページ

1 きりん

2 あさがお

3 だんごむし

解き方 大切

1 説明文は、まず、何について書かれている文章なのかを捉えることが大切です。この文章の場合は、冒頭に「きりんは」とあり、二文目も「きりん」についての説明になっています。

設問の意図が理解できないときは、「どんな動物が出てくるかな。」のように、問題文を言い換えてあげてください。正しく答えられたら、「そうだね。きりんについて、説明しているね。」のように言い添えてあげると、どんなことを問われていたのかを理解させることができます。

2 冒頭に「あさがおの　はなが」とあり、あさがおの花がしぼんで、種ができるまでを説明しています。

3 一文目が「おちばの　したには」で始まっているので注意しましょう。この文章には、文が三つありますが、どの文も「だんごむし」について述べています。

15 せつめいぶん ②

↓本冊49ページ

1 ① うかんでいる　② いし

2 ① ぶらさがって　② ゆっくりうごく

解き方 大切

1 ① 説明文は、どんなことが説明されているのかを正しく読み取ることが大切です。らっこはどのようにしていることが多いかを、きちんと読み取らせてください。

② 「なにを」の部分を答えさせる問題です。「いしを　つかって、かいがらを　わります」に着目させます。

2 ① 「ほとんどの　じかんを　きに　ぶらさがって　すごします」とあります。空欄にふさわしい言葉を答えさせましょう。

② 「なまけものは　ゆっくり　うごく　ことで、すくない　たべもので　いきて　いけるように　して　います」とあります。

10 おはなし②

↓本冊55ページ

1 いえ

2 へや

3 ① どうぶつえん　② こうえん

解き方　大切

1 物語の場面を押さえる問題です。物語の読み取りでは、「いつ」「どこで」のように、どんな場面なのかを押さえることが大切です。ここでは、特に場所を押さえることを重点的に学習します。この文の中の場所を表す言葉は、「ともだちの　いえ」です。

2 「どこで」に当たる言葉は「へやで」です。ですから、「とおる」は、「へやで」宿題をしているのです。

3 ① 一文目に注目させます。最初に書かれている場所は、「どうぶつえん」です。

② お弁当を食べたのはいつか、ということも踏まえて、文章から読み取らせましょう。「どうぶつえんに　いった　あと」に、「こうえんで」お弁当を食べたと書かれています。

11 ひらがなで　あそぼう①

↓本冊54ページ

1 ①

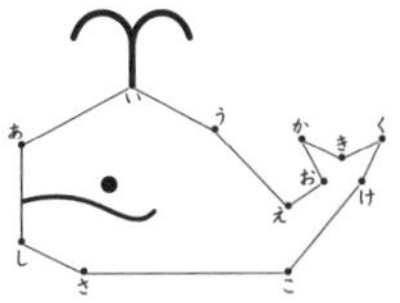

こたえ　くじら

②

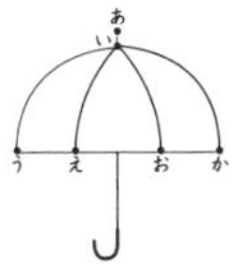

こたえ　かさ

2 ①（り）す　② すいか　③ かき　④ きつね　⑤ ねずみ

解き方

1 五十音の順番にまだ不安がある場合は、五十音図をそばに置いて確かめながら、ゆっくりと線を引かせるようにしましょう。このドリルの本冊の64～63ページも参考になります。

2 しりとりは、遊びながら語彙を増やせるゲームの一つです。しりとりになっているかどうか、声に出して確かめさせながら進めていきましょう。

12 ことば②

↓本冊53ページ

1 ① どうぶつえん　{え・(へ)}　いく。

② てがみ　{(を)・お}　かく。

③ この　はな　{(は)・わ}　あかい。

④ あしたは　{へ・(え)}　んそくだ。

2 ① おとうとわ　[は]　さんさいだ。

② えんぴつお　[を]　もつ。

③ がっこうえ　[へ]　いく。

解き方

1・2 助詞の「は」「へ」「を」は、言葉（単語）の下につくものです。問題の文を例に、「は」「へ」「を」は、言葉の下についているということに気づかせましょう。「わたし」「ようちえん」のように、言葉（単語）の一部として使われている場合は、「は」「へ」「を」とは書きません。

7 のばす おん

↓本冊58ページ

1 ① おとうさん　② おかあさん
③ いもうと　④ おねえさん
⑤ おにいさん

2 とけい・せんせい（順不同）

解き方

1 長音（伸ばす音）を正しく書く練習です。
①「おとおさん」と、発音通りに書くと、間違いになります。
③「いもおと」と、発音通りに書くと、間違いになります。
④「おねいさん」としないように、注意させましょう。

2 **1**の「おねえさん」とは異なり、「とけい」「せんせい」は「い」と書くことに注意させましょう。

おかわり もんだい

えに あう ことばを ☐に かきましょう。

ぼ

［答え］ ぼうし

8 ことば ①

↓本冊57ページ

1
① ② ③ ④ ⑤ ⑥

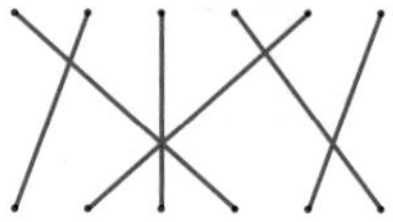

ごちそうさまでした。
いってきます。
おやすみなさい。
ごめんなさい。
さようなら。
ありがとう。

2 ① おはようございます
② いただきます
③ ただいま
④ おかえりなさい

解き方

1 どれも日常生活で使っている言葉です。絵のような場面について話し合いながら、挨拶の言葉を考えさせていきましょう。

2 ①は、挨拶する相手によって言葉が変わります。先生など、目上の人に対しては「おはようございます。」、友達などの親しい人に対しては「おはよう。」と言います。この使い分けをきちんと押さえさせましょう。

おかわり もんだい

せんせいに おれいを いう ときは、なんと いいますか。

［答え］ ありがとうございます。

9 おはなし ①

↓本冊56ページ

1 くま・うさぎ（順不同）

2 たけし・おとうと（順不同）

3 ① ゆみ・ひろし（順不同）
② ゆりえ

解き方　大切

1 物語の読み取りでは、登場人物を押さえることが大切です。一年生が読むのは難しい文章ではありませんが、誰が出てくるのかをきちんと押さえる習慣をつけさせましょう。この文には、森の中にすんでいる動物として、「くま」と「うさぎ」が出てきます。

2 「たけし」は、文頭に書かれているので捉えやすいでしょう。「おとうと」は、一緒に文を声に出して読みながら、捉えさせるとよいでしょう。

3 三人の名前が出てきます。それぞれどのように書かれているのかを押さえて、問題を解かせるようにします。最初に、「こうえんの　ぶらんこ」で遊んでいたのは、「ゆみさん」と「ひろしさん」です。そこへやってきたのは、同じ学校に通っている「ゆりえさん」です。

4 ひらがな④

↓本冊61ページ

1 （省略）

2 ① なへ→なべ　② とんほ→とんぼ
③ はんた→ぱんだ

3 ① ぞう　② ぶた　③ うさぎ　④ ねずみ

解き方

1 「゛」や「゜」がマス目の中にきちんと書かれているか、見てあげてください。

2 どこに「゛」や「゜」を書くのか迷ったときは、挿絵に描かれているものの名前を、声に出して唱えさせてみましょう。声に出してみることで、表記の違和感に気づくものです。

3 ひらがなと「゛」や「゜」のバランスを見てあげてください。

おかわりもんだい

えに あう ことばを □に かきましょう。

か□□

く□□

［答え］ かぎ・くじら

---

5 ちいさく かく じ①

↓本冊60ページ

1 ① かつお　② かっぱ　③ きつね
④ きっぷ　⑤ はっぱ　⑥ らっぱ

2 ① 〇 せっけん　□ せつけん
② □ かけつこ　〇 かけっこ

3 ① きって　② はらっぱ

解き方

1 大きい「つ」と小さい「っ」の大きさや書く場所の違いに注意させ、小さい「っ」をきちんと書けるようにさせましょう。

2 小さい「っ」を正しく読めるようにさせましょう。「つ」を大きくした場合（「せつけん」「かけつこ」）も声に出して読ませ、表記が正しくないと、正しい言葉にならないことを実感させましょう。

3 小さい「っ」が、□の右上の部分に書かれているかを確認してください。

おかわりもんだい

ただしいのは、どちらですか。

らつこ　　らっこ

［答え］ らっこ

---

6 ちいさく かく じ②

↓本冊59ページ

1 ① おちゃ　② でんしゃ　③ きゅうり
④ しょうゆ　⑤ びょういん

2 ① いしゃ　② ちょう
③ あくしゅ　④ きんぎょ
⑤ じゅうえん

解き方

1 大きい「や」「ゆ」「よ」と、小さい「ゃ」「ゅ」「ょ」の、大きさや書く場所の違いに注意させます。また、書いた言葉を声に出して読んで、小さい「ゃ」「ゅ」「ょ」の読み方を確認させましょう。

2 小さい「っ」と同じく、小さい「ゃ」「ゅ」「ょ」も、□の右上の部分に書きます。きちんと書けているか見てあげてください。

おかわりもんだい

えに あう ことばを □に かきましょう。

き□□

［答え］ きしゃ

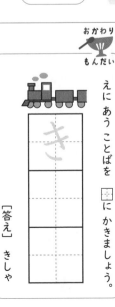

答えと解き方

小学1年生　大盛り！夏休みドリル　三訂版　べっさつ ＋ おかわりもんだい

1 ひらがな①

↓本冊64ページ

1 あいうえお・かきくけこ・さしすせそ・たちつてと・なにぬねの

2 ①いぬ　②おかし

解き方

1 一字一字、丁寧になぞらせましょう。姿勢を正して、「とめ」「はね」「はらい」がきちんとできるように、何度も練習させましょう。左側にもきれいに書けたら、きちんと褒めることも大切です。

2 挿絵を見ながら、楽しくひらがなを学ばせましょう。

おかわりもんだい

えを みながら、□の なかの ひらがなを なぞりましょう。

か
さ

2 ひらがな②

↓本冊63ページ

1 はひふへほ・まみむめも・やゆよ・らりるれろ・わをん

2 ①よる　②れもん

解き方

1 字をなぞるのは、ゆっくりで構いません。右側の五字を書いたら、丁寧に左側に書かせましょう。五十音を覚えるために、64ページに戻って、「あいうえお、かきくけこ……」と、順に読ませてみるのもよいでしょう。

2 なぞった言葉を読ませてみましょう。言葉の理解にもつながります。

おかわりもんだい

えを みながら、□の なかの ひらがなを なぞりましょう。

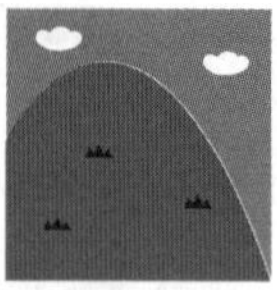

や
ま

3 ひらがな③

↓本冊62ページ

1 ①め　②ねこ　③ひよこ　④にわとり　⑤ひまわり　⑥さつまいも

2 ①うし　②はね　③さいころ　④かたつむり

解き方

1 挿絵を見ながら書くことで、ひらがなの読み書きに親しませましょう。

2 絵が何を表しているのかわからずに迷ったら、一緒に考えてあげてください。文字で書き表すことは、楽しい体験だということを感じさせましょう。

おかわりもんだい

えに あう ことばを □に かきましょう。

き

［答え］　きりん